DER NOVEMBERPOGROM 1938 IN HANNOVER

Begleitband zur Ausstellung
vom 5. November 2008 bis 18. Januar 2009
im Historischen Museum Hannover

IMPRESSUM

Konzeption, Redaktion
Wolf – Dieter Mechler
Carl Philipp Nies

Gestaltung
Ralf Rohde,
Grafik Design, Hannover

Reproduktionen/Bildbearbeitung
Reinhard Gottschalk
und Leihgeber

Druck/Bindung
Steppat GmbH, Laatzen

Bibliografische Informationen
der Deutschen Bibliothek:
Die Deutsche Bibliothek ver-
zeichnet diese Publikation in der
Deutschen Nationalbibliografie;
detaillierte bibliografische
Daten sind im Internet über
http://dnb.ddb.de abrufbar.

Schriften des Historischen
Museums Hannover ; 33

INHALT

VORWORT

Ausstellungen zur Zeitgeschichte und zur historisch-politischen Erinnerungskultur gehören zum festen Kanon des Historischen Museums am Hohen Ufer. So sind auch die Jahrestage wichtiger Ereignisse im Kontext von Kriegen und Verfolgung im 20. Jahrhundert stets Anlässe gewesen, mit Ausstellungen und Publikationen einen Beitrag gegen das Vergessen zu leisten.

Allerdings liegt die letzte Ausstellung zum Problemkreis Unterdrückung, Verfolgung und Ermordung jüdischer Menschen in der Zeit des Nationalsozialismus bereits 30 Jahre zurück, sieht man von einer kleineren, eher kulturgeschichtlichen Schau im Jahre 1998 ab.

Mit dem Projekt „'Reichskristallnacht' in Hannover" war 1978 die erste, umfassende Behandlung der Judenverfolgung und des Antisemitismus verbunden; auch die Ermordung der Juden im sog. Holocaust wurde bereits thematisiert. Damit gehörte das Haus am Hohen Ufer zu den ersten Museen Westdeutschlands, die zum NS-Regime forschten und Ausstellungen erarbeiteten. Die Folge dieser Pionierarbeit war eine Serie bedeutender zeitgeschichtlicher Sonderausstellungen in Deutschlands Großstädten, deren Ergebnisse allmählich auch in die Dauerausstellungen und in die pädagogischen Angebote der Geschichtsmuseen eingingen.

Das Projekt des Jahres 2008 nimmt 70 Jahre nach dem NS-Pogrom von 1938 in besonderer Weise die Tage zwischen dem 9. und 11. November in den Blick, d.h. die Zerstörung der hannoverschen Synagoge sowie vieler jüdischer Geschäftshäuser und Privatwohnungen. Behandelt werden auch die Verschleppung vieler jüdischer Menschen von Hannover in das KZ-Lager Buchenwald und die anschließenden Maßnahmen zur weiteren Entrechtung der Juden. Dabei steht nicht allein der Pogrom in Hannover im Fokus, sondern es wird der Blick auch in das Umland nach Pattensen und nach Neustadt a. Rbge gerichtet.

Die Forschungen zum aktuellen Ausstellungsprojekt bauen auf den Arbeiten von 1978 auf, führen aber im Einzelnen darüber hinaus.

Als wohl symbolkräftigstes Ereignis dürfte die Zerstörung der Synagoge in der Calenberger Neustadt gelten; ihr wird daher in der Ausstellung breiter Raum gegeben, zumal zu diesem Bauwerk in den letzten Jahren grundlegende bauhistorische Erkenntnisse erarbeitet wurden. Im Zentrum der Ausstellung steht indessen eine neu in die Sammlung des Historischen Museums gelangte Fotografie der brennenden Synagoge. Die Aufnahme des hannoverschen Pressefotografen Wilhelm Hauschild ist erst vor Kurzem in unser Haus gelangt und stellt schon wegen der extremen Seltenheit solcher Bilder zweifellos eine Sensation dar.

Ergänzend werden historische Baupläne des Gotteshauses gezeigt und eine virtuelle Rekonstruktion der Synagoge vor Augen geführt. Interviews mit Zeitzeugen sowie sämtliche derzeit bekannten Fotos der Zerstörung verschaffen einen Eindruck von den gewaltsamen Ereignissen im November 1938; die erstmals gemeinsam öffentlich gezeigten raren Aufnahmen von zerstörten Ladenlokalen jüdischer Geschäftsleute vervollständigen das Bild vom Pogrom in Hannover. Ebenfalls erstmalig präsentiert das Museum in diesem Band einen Auszug aus einem 1939 in den USA erschienenen und bis heute in deutscher Sprache unveröffentlichten Text des emigrierten Autors Konrad Heiden über den Novemberpogrom.

Auch wird den hannoverschen Wurzeln einer der wichtigsten Personen im Umfeld der Pogrom-Nacht im Detail nachgegangen: dem bis 1936 in der Burgstraße lebenden Herschel Grynszpan (1921-???). Er und sein Attentat auf den deutschen Diplomaten Ernst Eduard vom Rath dienten den NS-Machthabern und ihrer Propaganda als Vorwand für die Gewaltakte im November 1938.

Das Konzept zur Ausstellung erarbeitete Dr. Wolf-Dieter Mechler zusammen mit Carl Philipp Nies M.A.; beide stellten auch die zusätzlichen Bild- und Archivrecherchen an. Shaun und Hans-Jürgen Hermel verdanken wir die filmisch dokumentierten Zeitzeugeninterviews, die CAD-Rekonstruktion der Opplerschen Synagoge wurde 2004 von Dr. Marc Grellert erstellt.
Dank gilt schließlich auch allen Mitwirkenden an dem umfangreichen Vortrags- und Veranstaltungsprogramm, das die Ausstellung begleitet und mithilft, wichtige Aspekte zu vertiefen und in die Öffentlichkeit hineinzutragen.

Hannover, im Oktober 2008

Thomas Schwark
Museumsdirektor

GEBR.

ZUM STAND DER FORSCHUNG ZUM NOVEMBERPOGROM 1938

Hans-Dieter Schmid

Reichskristallnacht – Novemberpogrom - Reichspogromnacht

Als vor 30 Jahren im Historischen Museum eine erste Ausstellung zur "Reichskristallnacht" in Hannover eröffnet wurde – vierzig Jahre nach den Ereignissen und 10 Jahre früher als in den meisten westdeutschen Kommunen –, da trug sie noch genau diesen Titel – „Reichskristallnacht in Hannover" -, allerdings setzte man den Begriff "Reichskristallnacht" in Anführungszeichen, offensichtlich um sich zugleich ein Stück weit davon zu distanzieren. Die Erklärung dazu lieferte Klaus Mlynek, der damalige Leiter des Stadtarchivs und kompetente Stadthistoriker, in seinem zentralen Aufsatz zum Thema im Katalog der Ausstellung. Er führte aus, dass die „Urheber" der „unerhörten Greueltaten" – für ihn ohne Zweifel die Nationalsozialisten – sich nicht „entblödet" hätten, „dieser schrecklichen Nacht den verharmlosenden Namen ‚Reichskristallnacht' zu geben, und obgleich zerbrochene Fensterscheiben wahrhaftig nicht das entscheidende Merkmal dieser Nacht gewesen sind, ist der November-Pogrom von 1938 unter diesem Terminus in die Geschichte und in die historische Literatur eingegangen",[1] weshalb man wohl ebenfalls nicht ganz auf ihn verzichten zu können glaubte, allerdings gebrochen durch die Anführungszeichen.

Zehn Jahre spätere war die Verwendung des Begriffs zu einer Frage der politischen Korrektheit geworden, die allerdings mehr von den Hütern der *political correctness* in den Feuilletons der Zeitungen als von den einschlägig forschenden Historikern mit großer Verve vertreten wurde. Dabei wurden im Wesentlichen drei Argumente gegen die weitere Verwendung vorgebracht: Erstens wurde behauptet, „Reichskristallnacht" sei ein nationalsozialistischer Begriff. Dabei blieb man allerdings den Beweis schuldig. Tatsächlich sind bisher kein einziges Dokument und kein einziger Zeitungsbericht aus der NS-Zeit bekannt geworden, in dem er auftaucht. Dort verwandte man vergleichsweise sachliche, jedenfalls unmetaphorische Bezeichnungen wie „Aktion gegen die Juden" oder kurz „Juden-Aktion", auch „antisemitische Aktion" oder – vor allem wenn es um die Verschleppung der verhafteten Juden in die KZs ging – häufig auch „Rath-Aktion". Entsprechend erscheint der Begriff auch nicht in dem im Jahr 2000 erschienenen, außerordentlich gründlichen Wörterbuch des nationalsozialistischen Vokabulars von Cornelia Schmitz-Berning.[2] Im übrigen wäre allein die Tatsache, dass es sich um einen nationalsozialistischen Begriff handelt, noch kein zwingender Grund, ihn nicht mehr zu verwenden, werden in der historischen Literatur doch viele nationalsozialistische Termini benutzt, selbst solche, die durchaus euphemistische Elemente enthalten, weil sie zum Beispiel spezifische NS-Einrichtungen bezeichnen, für die sonst neue Bezeichnungen erfunden werden müssten, so z.B. Reichssicherheitshauptamt, Schutzhaft oder Konzentrationslager.

Damit bin ich schon beim zweiten Argument: „Reichskristallnacht", so wird gesagt, sei ein

Dicht gedrängt stehen Hannoveraner am 10. November 1938 vor den zerstörten und ausgeräumten Schaufenstern des Konfektionshauses Gebr. Hirschfeld in der Karmarschstraße 9 – 11. Von 1939 an befand sich das Geschäft im Besitz der Firma Heutelbeck.

euphemistischer, d.h. ein beschönigender Begriff. Tatsächlich bezeichnet er mit keinem seiner Wortbestandteile direkt die wesentlichen Inhalte des Novemberpogroms – Brandstiftung, Zerstörung, Raub, Plünderung, Verschleppung ins KZ, auch Mord, Totschlag und Vergewaltigung –, sondern er ist seiner Struktur nach ein metaphorischer Begriff, dessen Inhalt durch Assoziationen und Konnotationen bestimmt ist. Es hängt also von diesen Assoziationen ab, ob der Begriff insgesamt euphemistisch wirkt oder nicht. Nach Ausweis von Klaus Mlynek assoziierte man aber auch 1978 noch bei Kristallnacht keineswegs etwa ein rauschendes Fest, sondern zerbrochene Fensterscheiben. Zerbrochene Schaufensterscheiben jüdischer Geschäfte und zerbrochene Fensterscheiben bei jüdischen Nachbarn waren aber – neben den brennenden Synagogen – genau das, was die erschreckten Bürger am 10. November 1938 vom Geschehen der vergangenen Nacht wahrnahmen. Daher hat die Überlieferung, dass der Begriff ad hoc vom Berliner Volksmund geprägt worden ist, viel für sich. Der Historiker Helmut Krausnick hat schon 1965 darauf hingewiesen, dass die Bezeichnung von ihren „Berliner Erfindern" keineswegs euphemistisch, sondern „bitter ironisch-kritisch" gemeint gewesen sei.[3] Für diese Herkunft spricht schließlich auch, dass die ersten schriftlichen Nachweise des Begriffs aus Gedenkartikeln Berliner Tageszeitungen von 1945 und 1946 stammen und dass in dem ersten dieser Belege, einem Artikel des Berliner „Tagesspiegels" vom 8. November 1945, ausdrücklich auf die Herkunft aus dem Volksmund hingewiesen wird.[4]

Schwerer wiegt das dritte Argument: „Reichskristallnacht" verkürze das komplexe Geschehen des Novemberpogroms zeitlich auf die Ereignisse in der Nacht vom 9. auf den 10. November 1938 und inhaltlich auf die Zerstörung und Plünderung von Läden und Wohnungen. Möglicherweise liegt es tatsächlich auch an der Bezeichnung Reichskristallnacht, dass der Novemberpogrom in der Vergangenheit in der Öffentlichkeit häufig nur als punktuelles Ereignis wahrgenommen wurde. Andererseits ist es ein seit der Antike eingeführtes Stilmittel von Metaphern, einen signifikanten Teil stellvertretend für ein Ganzes zu benennen. Nimmt man daher „Reichskristallnacht" als metaphorischen Begriff (was er zweifellos ist), dann trifft ihn der Vorwurf der Verkürzung nicht unbedingt. Wohl aber trifft dieser Vorwurf den künstlich geschaffenen, unmetaphorischen Ersatzbegriff „Reichspogromnacht", der sich als eine Art Kompromissformel in den letzten Jahren in der Öffentlichkeit weitgehend durchgesetzt hat.[5] Dieser Begriff ist auch deswegen eine ausgesprochene Missgeburt, weil die Kennzeichnung als „Reichspogromnacht" hier gar keinen Sinn macht, da der abschätzige Sarkasmus, der durch das Epitheton Reich in Reichskristallnacht zum Ausdruck kommt, auf das nachträglichen Kunstprodukt nicht zu übertragen ist.

Welche Folgerungen sind aus diesem Befund zu ziehen? Es ist möglich, dass der Begriff Reichskristallnacht heute wegen seiner komplizierten Struktur und seinen verschiedenen Bedeutungsebenen nicht mehr so recht verständlich zu machen ist und deswegen nur noch eingeschränkt verwendbar ist. Keinesfalls ist er jedoch euphemistisch oder verharmlosend gemeint und daher auch nicht politisch unkorrekt. Gegenüber dem korrekten, aber sachlich–blassen und eindimensionalen Begriff Novemberpogrom hat er den Vorteil, dass er bildhaft-anschaulich, vielschichtig und unverwechselbar ist. Die unglückliche Retortengeburt „Reichspogromnacht" sollte dagegen möglichst schnell wieder aus dem Verkehr gezogen werden.

Im Gegensatz zu der Aufmerksamkeit, die die Reichskristallnacht immer wieder in der Öffentlichkeit findet – vielerorts gibt es jährlich wiederkehrende Gedenkfeiern und -veranstaltungen –, stand sie in der NS-Forschung

in den vergangenen Jahren nicht gerade im Mittelpunkt. Seit dem Jubiläumsjahr 1988, in dem außer dem breit angelegten Sammelband in der „Schwarzen Reihe" des Fischer Taschenbuch Verlags[6] und einer ersten Überblicksdarstellung aus der DDR[7] eine ganze Reihe von Regional- und Lokalstudien erschienen, sind im Wesentlichen nur zwei Monographien und eine Neubearbeitung einer ursprünglich ebenfalls 1988 herausgekommenen Dokumentation erschienen. In der Bochumer Dissertation von Dieter Obst werden vor allem die Akten der zahllosen Nachkriegsprozesse zum Novemberpogrom quantitativ und qualitativ ausgewertet, vor allem im Hinblick auf die Art der Mobilisierung der Pogromtäter, die von ihnen begangenen Delikte und die Reaktionen der Nachbarn und der Zuschauer auf die Ausschreitungen.[8] Die zweite Monographie stammt von dem hessischen Archivar Wolf-Arno Kropat, der bereits 1988 eine Dokumentation zur Reichskristallnacht in Hessen vorgelegt hatte. In seiner Gesamtdarstellung des Pogroms bilden die Aktionen am 7. und 8. November – also vor der allgemeinen Auslösung des Pogroms am Abend des 9. November – in Nordhessen einen Schwerpunkt.[9]
Dagegen nimmt in der inzwischen in 3. Auflage vorliegenden, wesentlich erweiterten kommentierten Dokumentation von Hans-Jürgen Döscher das Schicksal des Attentäters Herschel Grünspan breiten Raum ein.[10] Schließlich wird vor allem für den breiteren Kontext noch die neueste umfassende Darstellung der nationalsozialistischen Judenpolitik von Peter Longerich herangezogen.[11]
Ich werde im Folgenden so vorgehen, dass ich im Wesentlichen auf der Grundlage dieser neuesten Literatur den Stand der Forschung zu drei Fragenkomplexen referiere: Wie und durch wen wurde der Pogrom ausgelöst? Wer waren die Täter und wie haben die Zuschauer reagiert? Und schließlich: In welchem größeren Kontext ist die Reichskristallnacht zu sehen?

Auslösung des Pogroms

Ich beginne mit der Frage der Auslösung der Aktionen. Die offizielle Version der nationalsozialistischen Presse erklärte sie zu Ausbrüchen des „spontanen Volkszorns". Dass es so etwas im Ausmaß des Novemberpogroms in einer totalitären Diktatur nicht geben könne, wird mit bemerkenswerter Offenheit selbst in einem parteiinternen Dokument klar gestellt, einem Bericht des Obersten Parteigerichts der NSDAP an Göring vom 13. Februar 1939, dem sog. Buch-Bericht, der eine der wichtigsten internen Quellen zur Reichskristallnacht ist, und auf den daher noch zurückzukommen sein wird. Dort heißt es: „Auch die Öffentlichkeit weiss bis auf den letzten Mann, daß politische Aktionen wie die des 9. November von der Partei organisiert und durchgeführt sind, ob das nun zugegeben wird oder nicht. Wenn in einer Nacht sämtliche Synagogen abbrennen, so muss das irgendwie organisiert sein und kann nur organisiert sein durch die Partei."[12]
So ist sich denn auch die neuere Forschung, abgesehen von einigen Differenzen in Detailfragen, im Wesentlichen einig, dass die Aktionen zentral von München aus ausgelöst worden sind, wo am Abend des 9. November im Alten Rathaus der jährliche Kameradschaftsabend der „alten Kämpfer" im Gedenken an den Hitlerputsch von 1923 stattfand. Die von Döscher herangezogenen Akten des Auswärtigen Amtes legen den Schluss nahe, dass Hitler schon vor der Veranstaltung über den Tod vom Raths unterrichtet war, also nicht erst während des Essens durch einen „flüsternden Boten"[13] informiert wurde, wie man früher annahm. Auch das Goebbels-Tagebuch und mehrere Augenzeugen bestätigen, dass die Todesnachricht schon am Nachmittag bekannt wurde. Peter Longerich hält daher das üblicherweise beschriebene Szenario bei der Veranstaltung – den „flüsternden Boten" mit der Todesnachricht, die „eindringliche Unterredung" Hitlers mit Goebbels während des

Essens, den Rückzug des „tief betroffenen" Hitler und den anschließenden „'spontanen' Racheaufruf" von Goebbels – für eine „theatralische Inszenierung" mit dem Ziel, die anwesenden Parteigrößen zu beeindrucken.[14] Er wendet sich vor allem gegen die etwas spekulative Interpretation von Dieter Obst, dass Goebbels während der Veranstaltung den „ahnunglosen" Hitler „geradezu überfahren" und dazu gebracht habe, der Auslösung der reichsweiten Aktionen zuzustimmen.[15]

In Goebbels' Tagebuch liest sich das weit weniger spektakulär: Danach hat Goebbels Hitler „die Angelegenheit" vorgetragen und Hitler habe entschieden, die „Demonstrationen weiterlaufen" zu lassen und die Polizei zurückzuziehen.[16] Diese Formulierungen deuten darauf hin, dass Goebbels Hitler nicht nur über den Tod vom Raths, sondern auch über die bereits seit dem 7. November in Nordhessen – einer traditionellen Hochburg des Antisemitismus seit dem 19. Jahrhundert – und in Sachsen-Anhalt durchgeführten antijüdischen Aktionen unterrichtet hat. Auf diese Entscheidung Hitlers bezog sich Goebbels dann auch ausdrücklich in seiner anschließenden Rede: In den Gauen Kurhessen und Magdeburg-Anhalt sei es zu „judenfeindlichen Kundgebungen" gekommen, bei denen jüdische Geschäfte zertrümmert und Synagogen in Brand gesetzt worden seien. Hitler habe auf seinen Vortrag entschieden, dass „derartige Demonstrationen von der Partei weder vorzubereiten noch zu organisieren seien, soweit sie spontan entstünden, sei ihnen aber auch nicht entgegenzutreten."

Wie das zu verstehen war und verstanden wurde, steht mit wünschenswerter Klarheit in dem bereits zitierten Buch-Bericht: „Die mündlich gegebenen Weisungen des Reichspropagandaleiters sind wohl von sämtlichen anwesenden Parteiführern so verstanden worden, dass die Partei nach aussen nicht als Urheber der Demonstrationen in Erscheinung treten, sie in Wirklichkeit aber organisieren und durchführen sollte. Sie wurden in diesem Sinne sofort [...] von einem großen Teil der anwesenden Parteigenossen fernmündlich an die Dienststellen ihrer Gaue weitergegeben." Auch wie das auf der unteren Ebene funktionierte und warum es dabei zu „Missverständnissen" bis hin zu Mordtaten kommen konnte, erklärt der Bericht, und zwar um zu begründen, warum das Oberste Parteigericht alle diese Fälle an sich zog, um sie dann – mit Ausnahme der Fälle, in denen „Rassenschande" vorlag, wo also die Opfer vergewaltigt worden waren – Hitler zur Niederschlagung vorzuschlagen. Dem aktiven Nationalsozialisten sei, so der Bericht, „aus der Kampfzeit selbstverständlich [...], dass Aktionen, bei denen die Partei nicht als Organisator in Erscheinung treten will, nicht mit letzter Klarheit und in allen Einzelheiten befohlen werden. Er ist infolgedessen gewohnt, aus einem solchen Befehl mehr herauszulesen, als wörtlich gesagt ist, wie es auch auf der Seite des Befehlsgebers vielfach Übung geworden ist, im Interesse der Partei – gerade wenn es sich um illegale politische Kundgebungen handelt – nicht alles zu sagen und nur anzudeuten, was er mit dem Befehl erreichen will." Das Dokument endet mit dem Bericht, dass Goebbels gegen 2 Uhr nachts das erste Tötungsdelikt gemeldet wurde in der Erwartung, „dass etwas geschehen müsse, um zu verhindern, dass die ganze Aktion auf eine gefährliche Ebene abglitte." Goebbels soll darauf geantwortet haben, „der Melder solle sich wegen eines toten Juden nicht aufregen, in den nächsten Tagen würden Tausende von Juden daran glauben müssen." Angesichts dieser Erwartungen der obersten Befehlsgeber nehmen sich die in dem Bericht erfassten 91 Fälle von Tötungsdelikten in der Nacht vom 9. auf den 10. November dann geradezu zurückhaltend aus. Folgerichtig kommt der Berichterstatter des Obersten Parteigerichts denn auch zu dem Schluss, dass angesichts einer solchen Äußerung, „der einzelne Täter nicht nur den vermeintlichen, sondern den zwar unklar zum

Ausdruck gebrachten, aber richtig erkannten Willen der Führung in die Tat umgesetzt" habe und daher nicht bestraft werden könne.[17]

Zu klären bleibt aber noch die Frage, wer die Ausschreitungen vor dem Aufruf Goebbels', die am Abend des 7. November in Kassel einsetzten, ausgelöst hat. Sie wurden in der kurhessischen Presse, die ungewöhnlich breit darüber berichtete, ganz nach dem Muster „spontaner Volkszorn" stilisiert. In Wirklichkeit wurden die Aktionen in Kassel und dem Kreis Rotenburg a.d. Fulda in der Nacht vom 7. auf den 8. November und die Aktionen in der folgenden Nacht in weiten Teilen Nordhessens – wie die detaillierten Forschungen von Kropat ergeben haben – direkt durch den kurhessischen Gaupropagandaleiter Gernand ausgelöst, indirekt durch dessen vorgesetzte Behörde, das Reichspropagandaministerium. Auch hinter diesen Aktionen steckte also letztlich Goebbels, der sie über den Instanzenzug des Propaganda-Apparates initiierte und steuerte.[18] Ob dies im Einverständnis mit Hitler geschah, ist wohl quellenmäßig nicht mehr zu klären. Einiges spricht dafür, dass er Hitler tatsächlich erst nach dem „Probelauf" in Kurhessen in München informierte und erst hier Hitlers Genehmigung für die Ausweitung des Pogroms einholte. Insofern war wohl das Szenario im Alten Rathaus nicht nur eine vorbereitete Inszenierung. Trotz dieser Unsicherheiten im Detail bleibt festzuhalten, dass die Forschung sich heute jedenfalls einig ist, dass die Hauptverantwortung für den Novemberpogrom Goebbels und Hitler tragen.

Erst von Wolf-Arno Kropat ist darüber hinaus die Rolle der SS bei den Pogromen ausführlicher diskutiert worden: Im Zusammenhang mit dem Nürnberger Prozess, in dem die SS auch wegen ihrer Beteiligung an den Aktionen der Reichskristallnacht zur „verbrecherischen Organisation" erklärt werden sollte, versuchten die Verteidiger Himmler und Heydrich als Gegner des Pogroms darzustellen, unter anderem dadurch, dass man glaubhaft machen wollte, dass es einen Befehl Hitlers an Himmler gegeben habe, die SS aus den Aktionen herauszuhalten. Dazu steht allerdings in eklatantem Widerspruch, dass in manchen Regionen die SS „ganz massiv Pogrome organisiert und durchgeführt hat."[19]

Eine dieser Regionen ist das Land Braunschweig und die südliche Provinz Hannover. Entscheidend war hier der Führer des SS-Oberabschnitts Mitte mit Sitz in Braunschweig, der SS-Obergruppenführer Friedrich Jeckeln,

Antwort auf die jüdische Mordtat

Spontane Demonstrationen in Kurhessen

Berlin, 8. November.

Als Antwort auf die Provokation von Paris, die feige jüdische Mordtat, ist es in Kurhessen zu erheblichen spontanen Demonstrationen der Bevölkerung gegen die Juden gekommen.

In Hannover erschien nur eine kleine Pressenotiz über die ersten Ausschreitungen in Hessen. Niedersächsische Tageszeitung vom 8.November 1938.

der seit 1933 zugleich Chef des Braunschweigischen Landespolizeiamts und seit Juli 1938 Höherer SS- und Polizeiführer (HSSPF) im Wehrkreis XI war. Die neu eingeführten HSSPF, die direkt Himmler unterstanden, sollten im Mobilmachungsfall alle Polizei- und SS-Verbände in ihrem Wehrkreis, die Himmler als Reichsführer-SS und Chef der Deutschen Polizei unterstanden, unter einem Kommando vereinen. Jeckeln hat diese neue Kompetenz, obwohl sie eigentlich nur für den Mobilmachungsfall gedacht war, offenbar benutzt, um ab 9. November die Aktionen in seinem Bereich, der von Hannover bis Dessau reichte, zu organisieren.

Am Abend des 9. November befand sich Jeckeln im Haus des SS-Abschnitts IV in Hannover, um

Beim Vorbeimarsch der SS am Horst-Wessel-Platz

Von links: Der bisherige Führer des SS-Abschnitts IV. SS-Oberführer Benson, SS-Obergruppenführer Jeckeln, der neue Führer des SS-Abschnitts IV., SS-Standartenführer Jungclaus.

offenbar von hier aus Anweisungen zur Durchführung von Aktionen im westlichen Teil seines Zuständigkeitsbereichs zu geben. In Hannover selbst standen die noch am Abend anlaufenden Aktionen von SS-Trupps unter der Leitung des Führers des SS-Abschnitts IV, SS-Oberführer Kurt Benson. Benson sorgte auch dafür, dass in den Städten im Umkreis Aktionen anliefen, indem er die örtlichen SS-Einheiten durch Anrufe mobilisierte. Überliefert ist das aus Göttingen und Hildesheim. In Hildesheim musste er erst noch fragen, ob es dort überhaupt eine Synagoge gäbe – ein deutliches Anzeichen dafür, wie improvisiert die ganze Aktion war. Da Jeckeln mit seinen Anordnungen ziemlich sicher vor der Goebbels-Rede angefangen hatte, sich aber andererseits auf einen „Befehl aus München" berief, konnte der nach Lage der Dinge eigentlich nur über den direkten Befehlsweg von Himmler gekommen sein. Für Kropat ist das einer der stärksten Beweise dafür, dass es neben und vor der Auslösung der Pogrome durch die Goebbels-Rede und den ebenfalls auf Goebbels zurückgehenden Weg über den Apparat des Propagandaministeriums bei den Pogromen in Nordhessen in den beiden Nächten zuvor noch einen weiteren Befehlsweg zur Auslösung von Aktionen gegeben hat, der von Himmler über die HSSPF zu den Einheiten der Allgemeinen SS lief. Von einer Nichtbeteiligung der SS kann also keine Rede sein.[20]

Täter und Zuschauer

Über die Herkunft und Zuordnung der Täter resümiert Kropat: „Entgegen der Behauptung der NS-Propaganda sind die Pogrome nicht spontan aus der Bevölkerung entstanden. Überall waren es Einsatzkommandos, die auf Befehl das Zerstörungswerk begannen: SA-und SS-Einheiten vorwiegend in der Nacht und in den frühen Morgenstunden des 10. November; am Tage folgten ad hoc zusammengestellte Trupps, die die vom Reichspropagandaministerium mobilisierten Kreisleiter und Ortsgruppenleiter aus Politischen Leitern, Parteigenossen und SA-Leuten zusammengestellt hatten."[21] Nach den statistischen Auswertungen von Dieter Obst über die Schichtzugehörigkeit und das Alter von beteiligten SA-Leuten aus 51 Ortschaften in Westdeutschland kamen die Täter aus allen Schichten und ihre Verteilung stimmte auffällig mit der sozialen Schichtung der gesamten männlichen Bevölkerung überein; es überwogen auch nicht mehr, wie noch in der „Kampfzeit" vor 1933, die Jüngeren, sondern über 80% waren zwischen 26 und 45 Jahre alt, waren also „gestandene Männer" im „besten Alter".[22] Entgegen der – wahrscheinlich auch heute noch – weit verbreiteten Vorstellung, dass die Täter vor allem wurzellose Radaubrüder aus dem Subproletariat gewesen seien, muss man also konstatieren, dass sie aus der Mitte der Gesellschaft kamen und keineswegs aus deren „Bodensatz".

Wie man solche Leute zu derartig brutalen Terroraktionen bringen konnte, wie sie die Zerstörungen und Plünderungen in der Reichskristallnacht darstellten, versucht Kropat dadurch zu erklären, dass der Großteil der Aktionen von paramilitärisch ausgebildeten SA- und SS-Einheiten ausgeführt wurde, die über eine lange Tradition als „offensive Schlägertruppe" aus der „Kampfzeit" vor 1933, aber auch aus der Zeit des Terrors gegen die politischen Gegner nach der Machtübernahme bis zum sog. Röhmputsch verfügten. Insofern seien die Täter eben doch keine „ganz gewöhnlichen Deutschen" gewesen.[23] Bei der Art der Mobilisierung der Täter ist es nicht verwunderlich, dass es sich wohl fast ausnahmslos um aktive und organisierte Nationalsozialisten handelte. Nur deshalb konnte man überhaupt auf den Gedanken kommen, die Strafverfahren gegen Exzesstäter im Rahmen der Pogrome zunächst der ordentlichen Gerichtsbarkeit zu entziehen und vor die Parteigerichte zu bringen, wo sie fast ausnahmslos niedergeschlagen wurden.[24]

Zum 1. Dezember 1938 wechselte die Führung des SS-Abschnitts IV: Auf SS-Oberführer Kurt Benson (vorne links) folgte Standartenführer Jungclaus (ganz rechts). Bei der Zeremonie anwesend war SS-Obergruppenführer Friedrich Jeckeln (vorne rechts). Niedersächsische Tageszeitung, 1. Dezember 1938.

Straßenansicht der Kommandozentrale des SS-Abschnitts IV, Horst-Wessel-Platz 2 (vor 1933 und nach 1945: Königsworther Platz). Die Villa war vor 1933 im Besitz der jüdischen Familie Sichel, danach Eigentum der Stadt Hannover. Aufnahme aus dem Jahr 1906.

Von einer großen Menschenmenge neugierig betrachtet, ist am 10. November 1938 von der Synagoge erst die Kuppel gesprengt, der Rest des Gebäudes aber noch vollständig erhalten.

Alle neueren Autoren stimmen darin überein, dass es bei den Pogromen eine relativ klare Trennung zwischen den Tätern und den Zuschauern bestanden habe, äußerlich sichtbar durch eine deutliche Distanz, die von den Zuschauern eingehalten oder ihnen aufgezwungen wurde. Spontane Beteilung von Zuschauern an den Ausschreitungen scheint nur ganz selten vorgekommen zu sein, wobei es sich dabei vor allem um ehemalige SA-Angehörige, vorbestrafte Schläger und Diebe und einzelne Jugendliche gehandelt habe, die von den SA-Männern zur Beteiligung aufgefordert worden seien – so zumindest stellt es sich in den Strafprozessakten der Nachkriegszeit dar.[25] Häufiger war die Beteiligung an Plünderungen, vor allem dann, wenn die Waren und Gegenstände von den Tätern auf die Straße geworfen wurden, manchmal verbunden mit der ausdrücklichen Aufforderung, sich zu bedienen. Diese Art der Beteiligung an Plünderungen ist allerdings ein auch in zivilisierten Gesellschaften weit verbreitetes Phänomen, das offenbar damit zusammenhängt, dass man auf der Straße liegende Waren als „herrenlos" ansieht und ohne Skrupel an sich nimmt.[26]
Vereinzelt gab es bei den Ausschreitungen gegen Synagogen, Geschäfte und Wohnungen, mehr noch, wenn die verhafteten jüdischen Männer durch die Straßen geführt wurden, auch Beifallskundgebungen aus der Menge. Verbreiteter waren jedoch nach allen Berichten Äußerungen des Entsetzens und der Missbilligung angesichts der sinnlosen Zerstörungen, manchmal auch lautstark geäußerte Kritik, die gelegentlich zu Festnahmen und Bestrafung führte.[27] Selbst über – manchmal zumindest zunächst auch erfolgreiche – Versuche, Plünderungen und Zerstörungen zu verhindern, wird berichtet. Dieter Obst, der Hunderte von Strafprozessakten aus der Nachkriegszeit ausgewertet hat, schildert zahllose Beispiele der Hilfeleistungen von Nachbarn, die zum Beispiel ihre Nachbarn aufgenommen und versteckt haben, sich schützend vor sie zu stellen versuchten, wertvollen Familienbesitz versteckten, nach dem Pogrom beim Aufräumen halfen oder mit dem Notwendigsten – Lebensmittel und Geschirr – aushalfen.[28]
Der israelische Historiker David Bankier, der sich der schwierigen Aufgabe unterzogen hat, die Entwicklung der „öffentlichen Meinung" in der NS-Zeit aufgrund der verschiedenen Stimmungsberichte von NS- und Regierungsstellen zu rekonstruieren, hebt hervor, dass durch die Reichskristallnacht zum ersten Mal alle Deutschen mit der antisemitischen Gewalt konfrontiert worden seien und dass alle Bevölkerungsgruppen mit einem tiefen Schock reagiert hätten. Vorherrschend sei ein Schamgefühl gewesen, Scham darüber, dass „die deutsche Kultur vor den Augen der Welt entwürdigt" worden sei. Am vehementesten sei der Pogrom von der katholischen Bevölkerung verurteilt worden, die befürchtete, als nächste an der Reihe zu sein. Negativ stellt Bankier fest, dass es bei der Kritik in erster Linie um die sinnlose Zerstörung materieller Werte in einer Zeit größter wirtschaftlicher Anstrengungen durch den Vierjahresplan gegangen sei und nicht um eine prinzipielle Verurteilung der Menschenrechtsverletzungen durch die Ausschreitungen. Gegen diesen Vorwurf führt Kropat zu Recht die Problematik der amtlichen Berichte als Quellen ins Feld, in denen diese Form der Kritik gerade noch möglich gewesen wäre – entspricht sie doch der Kritik Görings bei der berüchtigten Versammlung im Reichsluftfahrtministerium am 12. November -, nicht jedoch eine prinzipielle Ablehnung der nationalsozialistischen Judenpolitik.[29]

Kontext

Die ältere Forschung zur nationalsozialistischen Judenpolitik neigte dazu, den Holocaust als kontinuierliche Selbstentfaltung eines von Anfang an im Kopfe Hitlers vorhanden gewesenen Planes aufzufassen. Dem widersprachen allerdings viele empirische Befunde, nicht zuletzt die Beobachtung, dass sich die Radikalisierung der Judenpolitik keineswegs kontinuierlich entwickelte, sondern sich in deutlich auszumachenden Schüben vollzog, die jeweils von Phasen relativer Ruhe abgelöst wurden. Hans Mommsen hat dafür den Begriff der „kumulativen Radikalisierung" geprägt, die er zugleich zurückgebunden hat an die Interpretation des nationalsozialistischen Staates als polykratisches Herrschaftssystem, das durch miteinander konkurrierende Herrschaftseliten gekennzeichnet gewesen sei, die für ihre Politik jeweils die Zustimmung Hitlers benötigt hätten, wodurch sich eine zunehmend radikalisierende Wirkung ergeben habe.[30]

So wird in der Darstellung der nationalsozialistischen Judenpolitik von Peter Longerich[31] der Novemberpogrom als Höhepunkt einer dritten antisemitischen Welle – nach den beiden vorangegangenen von 1933 und 1935 – verortet, die bereits Ende 1937 einsetzte, aber dann vor allem im Frühjahr 1938 an Dynamik gewann. Am 26. April 1938 erließ Göring als Beauftragter für den Vierjahresplan die „Verordnung über die Anmeldung des Vermögens von Juden", nach der alle deutschen Juden mit mehr als 5.000 RM Vermögen ihr gesamtes in- und ausländisches Vermögen anmelden mussten. In § 7 dieser Verordnung wurde der Beauftragte für den Vierjahresplan ermächtigt, den „Einsatz" dieses Vermögens „im Einklang mit den Belangen der deutschen Wirtschaft" sicherzustellen, eine Formulierung, die – so unbestimmt sie war – jedenfalls nichts Gutes verhieß.[32] Wohin die Reise gehen sollte, verriet Göring bei einer Ministerbesprechung drei Tage später, bei der er laut Protokoll grundsätzliche Ausführungen darüber machte, wie „das Ergebnis der Anmeldungen auf Grund der VO vom 26.4.1938 zum Zweck einer beschleunigten Arisierung ausgewertet werden solle".[33]

Die Vermögensanmeldung ergab eine Summe von 7,1 Milliarden Reichsmark.[34] Diese Summe war dann tatsächlich die Grundlage für die Operationalisierung der am 12. November den Juden per Verordnung auferlegten „Sühne" von 1 Milliarde Reichsmark als 20prozentige Vermögenssteuer.[35] Dass diese 20% Vermögenssteuer im November bereits nicht mehr ausreichten, um 1 Milliarde zu ergeben, zeigt das Tempo, mit dem die Juden in Deutschland zwischen dem 26. April und 12. November 1938 pauperisiert wurden.

Anzeichen für die Radikalisierung der Judenpolitik war auch der Abriss mehrerer bedeutender Synagogen im Zuge der nationalsozialistischen Umgestaltung von Städten im Sommer 1938, so im Juni die Münchener Hauptsynagoge und die Nürnberger Synagoge, gefolgt von der Kaiserslauterner Synagoge im September und der Dortmunder im September/Oktober. Vor allem in Franken kam es im Herbst 1938 auch schon zu pogromartigen Ausschreitungen in kleineren Städten und Gemeinden.[36] Den Höhepunkt dieser Aktionen

Die Folgen des Schusses in Paris

Juden müssen eine Milliarde zahlen

Vollständige Entfernung aus dem deutschen Wirtschaftsleben

Schlagzeile im Hannoverschen Tageblatt vom 13. November 1938 bildete die Zwangsausweisung der polnischen Juden Ende Oktober 1938, die bereits zur unmittelbaren Vorgeschichte des Novemberpogroms gehört.

Parallel zu dieser antisemitischen oder besser: antijüdischen Welle gab es einen zweiten Radikalisierungsschub, der die Juden zunächst überhaupt nicht zu betreffen schien: das verschärfte Vorgehen gegen die sog. Asozialen.[37] Grundlage dafür war ein Erlass zur „vorbeugenden Verbrechensbekämpfung durch die Polizei" vom 14.12.1937, der der Kriminalpolizei das Recht einräumte, gegen „Asoziale" ohne richterlichen Beschluss „Vorbeugungshaft" zu verhängen und sie in ein KZ einzuliefern, wie das die Gestapo schon seit 1933 mit der Schutzhaft praktizierte. Hintergrund war auch hier der Vierjahresplan zur Konzentration der Wirtschaft auf die Aufrüstung einerseits, andererseits die Tatsache, dass die Konzentrationslager zu einem Zeitpunkt, da sie sich zu Ausbeutungsstätten kostenloser Arbeitskraft für SS-eigene Wirtschaftsunternehmen entwickeln sollten, nur noch über wenige Häftlinge verfügten, die nun durch „Asoziale" aufgestockt werden sollten. Dazu diente die sog. Aktion „Arbeitsscheu Reich", die aus zwei Verhaftungsaktionen bestand, einer ersten im April 1938, durch die von der Gestapo knapp 2.000 „Asoziale" in das KZ Buchenwald eingeliefert wurden, und einer zweiten Aktion der Kriminalpolizei im Juni des gleichen Jahres, mit der knapp 10.000 Häftlinge in die KZs Sachsenhausen, Buchenwald und Dachau kamen. Besonders die KZs Buchenwald und Sachsenhausen, die noch im Aufbau begriffen waren, waren auf die Unterbringung solcher Massen (Sachsenhausen: 6.224; Buchenwald: 2.313) überhaupt nicht vorbereitet.

Schon unter den Häftlingen der Aprilaktion befanden sich auch 25 Juden, weil offenbar einzelne Gestapostellen die Gelegenheit nutzten, ihnen unliebsame Juden ohne Umstände loszuwerden. So kamen allein 11 der 25 jüdischen Häftlinge aus Halle; zwei von ihnen wurden die ersten Todesopfer der Aktion. Bei der Juniaktion sah dann schon der zugrunde liegende Schnellbrief des Reichskriminalpolizeiamts vor, dass zugleich mit den „Asozialen" alle vorbestraften männlichen Juden mit einer Mindeststrafe von einem Monat Gefängnis in Vorbeugungshaft genommen werden sollten. Das führte dazu, dass mancherorts Juden mit Bagatellstrafen wie Verkehrsdelikten oder Strafen für lange zurück liegenden Jugendsünden verhaftet wurden. Insgesamt wurden mit der Juniaktion 2.300 Juden in die drei KZs eingeliefert, 1.265 in Buchenwald, 824 in Sachsenhausen und 132 in Dachau. Sie bildeten die erste große Gruppe von Juden, die vor dem November 1938 in die KZs kamen. Besonders in Buchenwald war ihre Unterbringung in einem viel zu kleinen Schafstall katastrophal.

Der hohe Anteil der Juden an den Häftlingen der Juniaktion in Buchenwald (fast 55 %) erklärt sich durch die Juden aus Berlin. Dort hatte Gauleiter Goebbels vor Beginn der Aktion die Führer der Berliner Polizei bei einer Besprechung im Propagandaministerium gegen die Juden aufgeputscht und auf „scharfes Vorgehen gegen alle Juden, die sich auch nur einer kleinen Verfehlung schuldig machten", verpflichtet.[38] Zugleich nahmen die Ausschreitungen in manchen Berliner Bezirken pogromartige Züge an, die einen Vorgeschmack von dem gaben, was im November folgen sollte.

Die Zahl der Todesopfer war unter den jüdischen Häftlingen der Juniaktion besonders hoch. Im KZ Buchenwald wurden bis zum 17. Oktober mindestens 116 jüdische Todesopfer gezählt, in Sachsenhausen waren es bis zum 1. November immerhin 40, etwa gleich viel wie bei den nichtjüdischen Häftlingen, obwohl die jüdischen Häftlinge nur etwas über 13 % aller Häftlinge ausmachten. Zusammen sind das mehr als die immer wieder genannte Zahl von 91 Todesopfern der Pogromnacht, wobei diese Zahl allerdings nicht alle Tötungsdelikte erfasst.

Die Verhaftung der Juden im Rahmen der Juniaktion war das direkte Vorspiel für die Verhaftungsaktion im Rahmen des Novemberpogroms, durch die weitere etwa 26.700 Juden in die drei Konzentrationslager eingeliefert wurden, fast 11.000 in Dachau, nicht ganz 10.000 in Buchenwald, etwa 6.000 in Sachsenhausen.[39] Ein Transport aus Hannover mit 316 Juden, unter denen sich aber auch 41 Juden befanden, die nicht in Hannover inhaftiert waren, darunter mindestens 13 aus Hildesheim, traf am 11. November in Buchenwald ein.[40] Auch bei den „Aktionsjuden" war die Todesrate sehr hoch: mindestens 255 Todesopfer in Buchenwald, mindestens 185 in Dachau, insgesamt also sicher über 500 Tote in den drei Konzentrationslagern zusammen wird man annehmen müssen.[41] Alle eingelieferten Juden wurden ausgeraubt, brutal misshandelt und erpresst – am übelsten wohl in Buchenwald. Freigelassen wurden sie erst, wenn sie Auswanderungspapiere vorweisen konnten oder doch unterschrieben hatten, dass sie in kürzester Zeit Deutschland verlassen würden. In Buchenwald wurden außerdem viele gezwungen, vorher Verträge über den Verkauf ihrer Betriebe zu unterschreiben.

Auswanderung, d.h. eigentlich Vertreibung, und Arisierung waren nun die Ziele der Judenpolitik, die mit Hochdruck verfolgt wurden, allerdings nicht mit jedermann sichtbarer Gewalt auf der Straße, sondern mit „gesetzlichen" Mitteln – mit Verordnungen und Erlassen, Verwaltungsanordnungen und bürokratischen Verfahrensweisen. Seit der Abrechnung Görings mit Goebbels und den radauantisemitischen Methoden der Kristallnacht bei der berüchtigten Ministerbesprechung im Reichluftfahrtministerium am 12. November waren dies die Ziele und Methoden, die in den folgenden Jahren von Himmler, Heydrich und dem Reichssicherheitshauptamt, die jetzt endgültig und allein die Führung in der Judenpolitik übernahmen, verfolgt bzw. angewendet wurden. Insofern ist der Novemberpogrom kaum als ein logischer Schritt auf dem Weg zur Vernichtung des europäischen Judentums anzusehen, wie das früher häufig geschah, nämlich nur dann, wenn man die Vertreibung als Vorstufe zur Vernichtung begreift und nicht als Alternative dazu, wie das bei radikalen Antisemiten schon seit dem Ende des 19. Jahrhunderts diskutiert worden ist.

Zweifellos bildet die Kristallnacht aber eine tiefe Zäsur in der Verfolgungsgeschichte der Juden in Deutschland, war sie doch der erste große Pogrom in Deutschland seit den Hepp-Hepp-Krawallen von 1819. Das Erschrecken über diesen Ausbruch der Barbarei, der mit einem Schlag über 100 Jahre weitgehend friedlichen Zusammenlebens auslöschte, war nicht nur bei den Juden groß, sondern ergriff große Teile der deutschen Gesellschaft und reichte nach vielen Zeugnissen bis hinein in Kreise der NSDAP und der gemäßigten Antisemiten, die nun darauf drangen, nur noch mit „gesetzlichen" Mitteln gegen die Juden vorzugehen. Dass dieser bürokratische Weg schon nach nicht einmal drei Jahren bei der physischen Vernichtung aller Juden im deutschen Machtbereich enden würde, konnte sich 1938 wohl noch kaum jemand vorstellen. Den in Deutschland lebenden Juden hat er immerhin für eine kurze Zeit noch die Chance eröffnet, durch Auswanderung, die nun immer mehr zur kaum noch verhüllten Flucht wurde, wenigstens das nackte Leben zu retten. Die osteuropäischen Juden hatten nach dem deutschen Überfall auf die Sowjetunion diese Chance nicht mehr.

[1] Klaus Mlynek, Die „Reichskristallnacht", in: Marlis Buchholz u.a., „Reichskristallnacht" in Hannover, Beiträge zur Ausstellung, Hannover 1978, S. 56.
[2] Cornelia Schmitz-Berning, Vokabular des Nationalsozialismus, Berlin/New York 2000.
[3] Helmut Krausnick, Judenverfolgung, in: Hans Buchheim u.a., Anatomie des SS-Staates, Bd. 2, München 21979, S. 276 (Erstdruck Olten 1965).
[4] Vgl. Dieter Obst, „Reichskristallnacht". Ursachen und Verlauf des antisemitischen Pogroms vom November 1938, Frankfurt am Main etc. 1991, S. 1 mit Anm. 1.
[5] Jedenfalls bekommt man, wenn man Reichspogromnacht „googelt" in 0,3 Sekunden „ungefähr" 74.500 Treffer; zwar ist die Zahl der Treffer bei Reichskristallnacht immer noch um einiges höher (ca. 100.000 Treffer), aber die Mehrzahl dieser Internetseiten setzt sich ablehnend mit dem Begriff auseinander (7.10.2008).
[6] Walter H. Pehle (Hrsg.), Der Judenpogrom 1938. Von der „Reichskristallnacht" zum Völkermord, Frankfurt am Main 1988.
[7] Kurt Pätzold/Irene Runge, Pogromnacht 1938, Berlin (Ost) 1988.
[8] S. Anm. 4.
[9] Wolf-Arno Kropat, „Reichskristallnacht". Der Judenpogrom vom 7. bis 10. November 1938 – Urheber, Täter, Hintergründe, Wiesbaden 1997.
[10] Hans-Jürgen Döscher, „Reichskristallnacht". Die Novemberpogrome 1938, 3. Aufl. München 2000.
[11] Peter Longerich, Politik der Vernichtung. Eine Gesamtdarstellung der nationalsozialistischen Judenverfolgung, München/Zürich 1998
[12] IMT XXXII, Dok. 3063-PS, S. 27.
[13] Kropat, S. 4 u. 82.
[14] Longerich, S. 199; Döscher, S. 86ff.
[15] Obst , S. 79ff.; Longerich, S. 198f.
[16] Zit. nach Longerich, S. 199.
[17] IMT XXXII, Dok. 3063-PS, S. 21-29.
[18] Kropat, S. 56-78.
[19] Kropat, S. 94.
[20] Kropat, S. 93-108; Mlynek, S. 65ff.; Christiane Marx/Hans-Dieter Schmid, Die SS inszeniert spontanen Volkszorn. Die „Reichskristallnacht" in Hildesheim. in: Hans-Dieter Schmid (Hrsg.): Hildesheim im Nationalsozialismus. Aspekte der Stadtgeschichte, Hildesheim 2002, S. 71-76.
[21] Kropat, S. 142.
[22] Obst, S. 130-137.
[23] Kropat, S. 142f.
[24] Lothar Gruchmann, Justiz im Dritten Reich 1933-1940. Anpassung und Unterwerfung in der Ära Gürtner, 3. Aufl. München 2001, S. 484-496.
[25] Obst, S. 337.
[26] Kropat, S. 159; Obst, S. 335ff.
[27] Kropat, S. 164f.
[28] Obst, S. 323ff.
[29] David Bankier, Die öffentliche Meinung im Hitler-Staat. Die „Endlösung" und die Deutschen. Eine Berichtigung, Berlin 1995, S. 118-122; Kropat, S. 161f.
[30] Hans Mommsen, Hitlers Stellung im nationalsozialistischen Herrschaftssystem. In: Gerhard Hirschfeld/Lothar Kettenacker (Hrsg.), Der „Führerstaat". Mythos und Realität. Studien zur Struktur und Politik des Dritten Reiches, Stuttgart 1981, S. 43-70; Ders., Die Realisierung des Utopischen. Die „Endlösung der Judenfrage" im „Dritten Reich", in: Geschichte und Gesellschaft 9 (1983), S. 381-420.
[31] Longerich, S. 190-207.
[32] Reichsgesetzblatt 1938 I, S. 414f.
[33] Longerich, S. 167.
[34] Obst, S. 20.
[35] Verordnung über eine Sühneleistung der Juden deutscher Staatsangehörigkeit v. 12.11.1938 und Durchführungsverordnung über die Sühneleistung der Juden v. 21.11.1938: Reichsgesetzblatt 1938 I, S. 1579 u. 1638ff.
[36] Kropat, S. 43-47.
[37] Zum Folgenden vgl. Hans-Dieter Schmid, Die Aktion „Arbeitsscheu Reich" 1938 und die Verfolgung der Sinti und Roma, in: Häftlinge mit grünen und schwarzen Winkeln – NS-Verfolgung von „Asozialen" und „Kriminellen" (= Beiträge zur Geschichte der nationalsozialistischen Verfolgung in Norddeutschland, Band 11), Bremen 2008; dort auch die Einzelbelege.
[38] Zit. nach Longerich, S. 175.
[39] Döscher, S. 120f. Die Angaben für das KZ Sachsenhausen schwanken in der Literatur zwischen 6.000 und 10.000 Einlieferungen, da die Veränderungsmeldungen für die entscheidenden Tage vom 11. bis 20. November 1938 fehlen. Nach der Meldung vom 21. November befanden sich an diesem Tag insgesamt 6.471 Juden im Lager. Da in der Meldung vom 10. November, der letzten vor der Ankunft der ersten „Aktionsjuden", die Zahl der („Arbeitsscheu"-) Juden mit 457 angegeben wird, dürfte die Zahl der eingeliefert „Aktionsjuden" ziemlich genau 6.000 betragen haben (Archiv der Gedenkstätte Sachsenhausen, D1A 1020, Bl. 425f.).
[40] Harry Stein, Das Sonderlager im Konzentrationslager Buchenwald nach den Pogromen 1938. In: Monica Kingreen (Hrsg.), „Nach der Kristall nacht". Jüdisches Leben und antijüdische Politik in Frankfurt am Main 1938-1945, Frankfurt/New York 1999, S. 19-54, hier S. 28, siehe auch den Aufsatz von Silke Petry in diesem Band.
[41] Ebd., S. 46; Kropat, S. 185.

MOTORRADER

HERSCHEL GRYNSZPAN UND SEIN GEBURTSHAUS BURGSTRASSE 36

Wolf-Dieter Mechler

Bei der Vorgeschichte des Novemberpogroms 1938 spielte ein in Hannover geborener und aufgewachsener 17jähriger jüdischer Junge die Hauptrolle: Herschel Grynszpan, von den deutschen Behörden und der NS-Propaganda nach kurzer Zeit in herabsetzender Absicht „Grünspan" geschrieben. Herschel Grynszpan hatte vormittags am 7. November 1938 in der deutschen Botschaft in Paris einen Botschaftsmitarbeiter, den Legationssekretär Ernst vom Rath, mit einer Schusswaffe verwundet. Vom Rath verstarb zwei Tage später, am 9. November 1938, an den Folgen der Verletzung.

Hitler ernannte vom Rath posthum zum Legationsrat, was zum Eindruck bei der deutschen Bevölkerung beitragen sollte, dass stellvertretend für „das Judentum" Herschel Grynszpan mit der Person eines höheren Beamten des auswärtigen Dienstes den deutschen Staat als Ganzes im Visier gehabt und getroffen habe.

Was sich zwischen vom Rath und dem Jugendlichen genau abgespielt hat, ist bis heute letztlich nicht sicher erwiesen. Bekannt ist dagegen eine Reihe von Fakten, die hier in aller Kürze zusammengefasst werden sollen.

Herschel Grynszpan – mit vollständigem Namen Herschel Feibel Grynszpan – wurde am 28. März 1921 als sechstes von sieben Kindern des Schneiders Sendel Grynszpan und dessen Ehefrau Riwka, [Ryfka] geborene Silberberg, in Hannover geboren. Seit Ende November 1915 lebte die Familie in der Burgstraße 36. Sie bewohnten in der 2. Etage eine 40qm-Wohnung ohne Bad und mit Toilette auf dem Hof.

Die Eltern waren 1911 wie zahlreiche andere sogenannte „Ostjuden" aus dem damals unter russischer Herrschaft stehenden Teil Polens wegen dort vorkommender Judenpogrome nach Deutschland ausgewandert. In Hannover angekommen, hatten sie zunächst in der Knochenhauerstraße gewohnt. Als in Folge des Ersten Weltkriegs Polen zu einem souveränen Staat wurde, nahmen die Eltern die polnische Staatsbürgerschaft an.

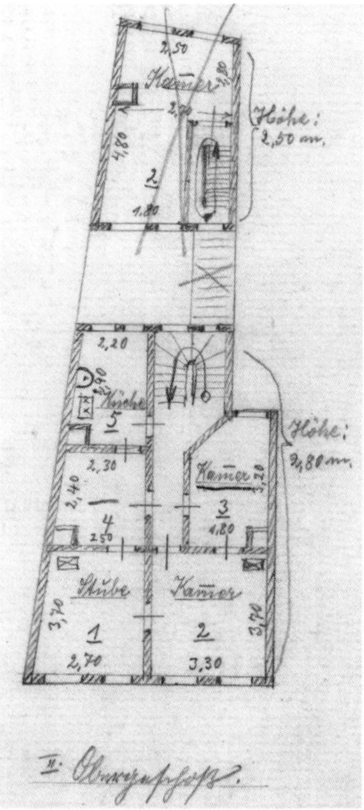

Burgstraße 36: Grundriss der Wohnung der Familie Grynszpan, um 1925. Auf 40 qm Wohnfläche lebte die vielköpfige Familie von 1915 bis 1938.

Wirtschaftlich ging es der Familie mehr schlecht als recht: bis 1933 verdiente Sendel

Burgstraße 36 (2. Haus von rechts) im Jahr 1941, Foto: Wilhelm Hauschild.

136

Eigenthümer

Tag des Anzuges. 1.	Vor- und Zunamen (bei Frauen auch der Name des Vaters.) 2.	Stand oder Gewerbe. 3.	Alter, resp. Tag der Geburt. 4.	Geburtsort und Provinz. 5.	Konfession. 6.	Frühere Wohnung. 7.	Tag des Abzuges, Todes. 8.	Anzeige neuen Wohnung. 9.
30.11.15	Grünspan, Sendel	Schneider	17.10.86	Dmenin	mos.	[illegible] 1	Burgstr. II	
"	Rifke geb. Silberberg	Ehefr.	29.9.87	Noworadomsk	"	"		Zeitz 4
"	Galana	T.	27.4.14	Hannover	"	"	28.7. verstorben 28.	StA I/1690
"	Esther, Beile	"	31.1.16	"	"	St. A I.	Burgstr. II	Zeitz 4
"	Ider	T.	25.1.18	Hannover	"	St. A I	5.9.18	verstorben
"	Markus	S.	29.8.19	Hannover	"	St. A I	Burgstr. 2	
"	Herschel, Feibel (Lt. Amtsger. Hannover – 88 II 309 159 – mit Wirkung aus § 12 Abs. 2 Versch. Ges. v. 15.1.51 f. tot erklärt. Als Zp. d. Todes wird der 8.5.1945 festgelegt)	"	28.3.21	Hannover	"	St. A I		Zeitz 4
"	Charlotte	T.	11.11.22	Hannover	"	St. A. I	15.9.23 verstorben	
11.12.16	Sturne, Paul	Arbeiter	19.6.68	Kemnitz ~~Lebnis~~	Pr. luth.	Burgstr. 38–66	16.2.17	Kl. [illegible]str. 6
"	Pauline geb. Schiebeck (Gleiwig)	Ehefr.	17.10.69	Schwandnig	"	"		
9.5.19	Gelbard, Chwa	Schneider	13.10.97	Nowo Radomsk	Polen mos.	Nowo-Radomsk	21.11.19	Burgstr. 2
2.10.19	Rodewald Maria	Dienstm.	22.3.96	Neuendorf Stolzenau	ev. l.	Neuendorf	10.10.19	[illegible] 1–17
30.10.20	Grünspan, Isaak	Schneider	1.6.97	Noworadomsk	Polen mos. l.	[illegible]	12.11.20	[illegible]str. 7
15.5.22	Lade, Liba	Schneiderin	29.5.96	Osszakow	Polen mos. l.	Oppeln	16.6.22	Langestr. 45
	Grünspan, Salomon	Sohn des Schneiders Sendel G.	20.5.25	Hannover	Polen mos.	St. A III	Burgstr. 2	Zeitz 4
26.6					Polen		27.	

Grynszpan den Lebensunterhalt als Schneider, zwischen 1930 und 1933 ist sogar eine kleine, eigene Werkstatt, vielleicht mit angeschlossenem Verkauf in der Burgstraße 19 nachweisbar, danach versuchte er sich im Altwarenhandel, in den Jahren 1933/34 musste Wohlfahrtsunterstützung das Überleben der Familie sichern helfen. Vier der sieben Geschwister Herschels verstarben früh, nur ein Bruder und eine Schwester wuchsen mit ihm gemeinsam auf.

Dass die Familie zu den religiösen Juden gehörte, lässt sich daraus schließen, dass Herschel, nachdem er von 1927 bis 1935 die Bürgerschule I in der Burgstraße 22 besucht hatte, ohne allerdings einen Abschluss zu erreichen, auf eine jüdische Religionsschule in Frankfurt am Main wechselte, um dort fünf Jahre lang zu einem jüdischen Religionslehrer ausgebildet zu werden. Zudem bezeichneten ihn seine hannoverschen Lehrer als sehr fromm.
Aus nicht bekannten Gründen brach Herschel die Ausbildung in Frankfurt bereits nach elf Monaten wieder ab, kehrte für kurze Zeit nach Hannover zurück, um dann im Juli 1936 zunächst zu einer Tante nach Brüssel und einen Monat später ohne Einreiseerlaubnis nach Paris zu seinem Onkel Abraham Grynszpan weiter zu fahren. Von den deutschen Behörden hatte der mit einem polnischen Pass und einem Einreisevisum nach Belgien ausgestattete Herschel einen Sichtvermerk zur Wiedereinreise nach Deutschland erhalten, gültig bis zum 1.April 1937. Die Ausreise aus Deutschland war von ihm mit der beabsichtigten Weiterreise nach Palästina begründet worden.

Herschel Grynszpan (unten links), bei einem Ausflug mit seiner Klasse der Bürgerschule 1, um 1930.

In Paris lebte Herschel illegal ohne regelmäßige Arbeit, was im Juli 1938 dazu führte, dass die französischen Behörden die von ihm beantragte Legalisierung seines Aufenthalts ablehnten und ihn zum 15.August 1938 aus Frankreich auswiesen. Zwischenzeitlich hatte der hannoversche Polizeipräsident eine Verlängerung der Wiedereinreiseerlaubnis nach Deutschland verweigert. Im Herbst 1938 war aus Herschel eine unerwünschte Person sowohl in Frankreich als auch in Deutschland geworden, deren illegaler Status aufrecht erhalten blieb. Nur seine Pariser Verwandten standen noch zu ihm und gewährten ihm Unterschlupf in einer Dachkammer.

Im Jahr 1938 radikalisierte sich die nationalsozialistische Judenpolitik, insbesondere nach dem „Anschluss" Österreichs im März. Ihr Ziel war zu dieser Zeit die Vertreibung der Juden aus Deutschland und damit einhergehend ihre wirtschaftliche Ausplünderung. Seit 1933, begonnen mit dem sogenannten „Judenboykott" am 1.April und dem Gesetz zur Wiederherstellung des Berufsbeamtentums, das die Juden aus dem gesamten Öffentlichen Dienst entfernte, waren Verordnung um Verordnung erlassen worden, die eine stetig fortschreitende Einschränkung der Bewegungsfreiheit, der Berufsausübung und der Teilnahme am öffentlichen Leben mit sich brachten.

Im Juni 1938 waren im Zuge der sogenannten Aktion „Arbeitsscheu Reich" neben Sinti und Roma auch Tausende Juden verhaftet und in Konzentrationslager gebracht worden.

Hausstandsbuch für die Burgstraße 36 mit den Einträgen für die Familie Grynszpan, die hier von der Polizei „Grünspan" geschrieben wurde.

RUST HAUS
E. Rohland
TÜTEN-FABRIK
Fahrrad
Reparatur
Werkstatt
IS-154 446

Ende Oktober folgte die nächste antijüdische Maßnahme, die von der Propaganda eher als antipolnisch und gegen Fremde gerichtet verklausuliert und in der Presse so gut wie verschwiegen wurde. Einigen tausend Juden mit polnischer Staatsangehörigkeit drohte auf Grund einer Verordnung der polnischen Regierung zum 1. November 1938 der Verlust der Staatsbürgerschaft, wenn sie sich dauerhaft im Ausland aufhielten. Dies nutzte die NS-Regierung als Vorwand, um die betreffende Gruppe aus ihren Wohnungen, von der Arbeit und der Schule zu verhaften und sofort nach Polen abzuschieben.

Am 28. Oktober 1938 wurden 484 hannoversche Juden mit polnischer Staatsangehörigkeit abgeschoben, unter ihnen befanden sich auch Herschel Grynszpans Eltern und Geschwister. Zum Bruder in Paris müssen sie in Verbindung gestanden haben, denn Herschel erfuhr vom Schicksal seiner Familie durch einen Brief seines Vaters mit einem drängenden Hilferuf. Ende Oktober schrieb die Schwester Beile (genannt Berta) Herschel eine Postkarte, in der sie die Abschiebung und die Not der Familie schilderte:

„Donnerstag abend [27. Oktober 1938] hat man rumgesprochen das man alle poln. Juden in einer Stadt ausgewiesen hat. Jedoch wollten wir das nicht glauben. Donnerstag abend um 9 Uhr ist ein Sipo [Sicherheitspolizist] zu uns gekommen und sagte wir müssen zur Polizei und die Pässe mitbringen. So wie wir gestanden sind wir alle zusammen mit dem Sipo zur Polizei gegangen. Dort war schon ziemlich unser Revier versammelt. Von dort hat man uns alle im Polizeiauto nach Rusthaus [Burgstraße 30 / Am Hohen Ufer 3; das Haus des früheren Arbeiterbildungsvereins hatte zwei Zugänge und war 1933 nach dem NS-Gauleiter und Reichsbildungsminister, dem Hannoveraner Bernhard Rust benannt worden und verfügte über einen großen Versammlungssaal] gefahren. Dorthin hat man alle gebracht. Man hatte zwar nicht gesagt was los ist, aber wir haben gesehen das wir fertig sind. Jedem hat man dann einen Ausweis [eine Ausweisung?] in die Hand gedrückt bis zum 29. musste man das Land verlassen. Man hat uns nicht mehr nach Hause gelassen. Ich habe gebettelt man soll mich nach Hause lassen wenigstens etwas Zeug zu holen. Bin dann mit einem Sipo gegangen und habe in einem Koffer die nötigsten Kleidungsstücke gepackt. Und das ist alles was ich gerettet habe. Wir sind ohne Pfennig Geld."

Burgstraße in Blickrichtung Schillerstraße, um 1935, Foto: Hans Pusen.
Auf der rechten Seite ist das letzte Haus die Bürgerschule 1, in der Mitte befindet sich das Haus Nr. 19 (Ecke Tiefental, mit einem Werbeschild „LAB"), in dem Seidel Grynszpan eine Schneiderwerkstatt betrieb. Auf der linken Seite ist der Eingang des Rusthauses zu erkennen.

Das Rusthaus in der Burgstraße 30, um 1935, Foto: Hans Pusen.
Ein zweiter Zugang befand sich am Hohen Ufer.

Herschel erhielt die Karte Anfang November und wusste also, was seiner Familie von den NS-Behörden angetan worden war. Über die Frage, ob und wie man seinen Angehörigen in Polen helfen könne, kam es zum Zerwürfnis mit den Pariser Verwandten, Herschel zog am 6. November in ein Hotel, nach eigenen Angaben bereits mit dem Vorsatz, am nächsten Tag einen Angehörigen der deutschen Botschaft zu töten. Den dafür benötigten Revolver hatte er in einem Waffengeschäft liegen gesehen. Am Morgen des 7. November erwarb Herschel die Waffe und verschaffte sich unter dem Vorwand, einem Sekretär ein wichtiges Schriftstück übergeben zu wollen, Zutritt zur Botschaft. Im Zimmer des 29jährigen Legationssekretärs Ernst vom Rath feuerte Herschel Grynszpan mehrere Schüsse ab und verletzte ihn erheblich. Trotz einer Notoperation verstarb vom Rath am 9. November 1938 um 16.30 Uhr in einem Pariser Krankenhaus.

Legationssekretär Ernst vom Rath; Hannoverscher Anzeiger, 8. November 1938.

Der verhaftete Herschel Grynszpan in Paris, Hannoverscher Anzeiger, 8. November 1938.

Herschel Grynszpans Motive sind nach eigenen Angaben in Wut und Verzweiflung über die Ausweisung seiner Familie aus Deutschland zu suchen. Die neuere Forschung schließt aber auch einen völlig anderen Zusammenhang nicht aus. Der homosexuell veranlagte vom Rath soll danach Grynszpan schon vor seinem Besuch in der Botschaft gekannt haben, eine homosexuelle Beziehung beider wird nicht ausgeschlossen, und die Enttäuschung über ein nicht gehaltenes Versprechen, Herschel gültige Papiere zu besorgen, könnte tatauslösend gewirkt haben. Was genau in Herschel vor sich gegangen ist, welche Gründe letztlich zu der Tat geführt haben, wird sich vermutlich niemals wirklich erhellen lassen.

Das weitere Schicksal Herschel Grynszpans verlief genauso widersprüchlich wie seine Tat, sein Tod ist bis heute nicht verbürgt. Festgenommen von der Pariser Polizei verblieb Herschel in Untersuchungshaft und wurde von französischen Beamten verhört. Dort sagte er aus, dass die Deportation seiner Familie ausschlaggebend für das Attentat gewesen sei. Erst nach dem Einmarsch der Deutschen in Frankreich wurde Herschel am 14. Juli 1940 rechtswidrig von der Vichy-Regierung an Deutschland ausgeliefert. Hier wollte Goebbels in einem großen Schauprozess vor dem Volksgerichtshof unter Beisein internationaler Presse die Verschwörung „des Weltjudentums" gegen Deutschland aufdecken, dessen bewaffneter Arm Herschel Grynszpan stellvertretend ein Attentat auf den Repräsentanten Deutschlands vom Rath geplant und diesen vorsätzlich gemeuchelt habe.

Zur Vorbereitung des Prozesses wurde Herschel in das Gefängnis des Geheimen Staatspolizeiamts in der Prinz-Albrecht-Straße in Berlin eingewiesen, der Prozess aber immer weiter verschleppt und schließlich ganz auf ihn verzichtet, als immer deutlicher wurde, dass der Fall über einen homosexuellen Aspekt verfügt, der von den Behörden nicht kontrolliert werden könne. Nach Erinnerungen einiger ehemaliger Häftlinge scheint seine letzte bekannte Station im August 1942 das Konzentrationslager Sachsenhausen gewesen zu sein. Auf Antrag des Vaters, der ebenso wie der Bruder Markus im Exil die NS-Zeit überstanden hatte, wurde Herschel Grynszpan 1960 für tot erklärt.

Burgstraße 36 – das Geburtshaus Herschel Grynszpans. Eine Spurensuche.

Wer heute nach irgendwelchen Zeugnissen des Geburtshauses von Herschel Grynszpan Ausschau hält, muss feststellen, dass nichts davon übrig geblieben ist. Gelegen als zweites Haus in Richtung Holzmarkt nach der Ecke Rossmühle, gegenüber der Ballhofstraße, wurde es bei dem großen Bombenangriff vom 8. auf den 9. Oktober 1943, als die gesamte Altstadt in Flammen aufging, zerstört.

Geplant war eigentlich von Seiten der Stadt Hannover, dass schon viel eher, noch vor Kriegsbeginn, das Gebäude im Zuge der 1936 begonnenen Altstadtsanierung abgerissen und, gemeinsam mit benachbarten Grundstücken, Platz für den Neubau eines Museums geschaffen werden sollte. Heute, genauer seit 1966, steht in der Tat an besagter Stelle der Bau des Historischen Museums Hannover, das Haus Burgstraße 36 hat etwa dort gestanden, wo sich der Vortragssaal mit seiner Glasfront zum Ballhofplatz hin befindet.

Burgstraße und Rossmühle vom Ballhofplatz gesehen, 1938, Foto: Hans Pusen. Das Haus Nr.36 ist das zweite nach der Ecke Rossmühle. Heute befindet sich dort das Historische Museum.

Das Grundstück umfasste nur eine Fläche von 87 qm, es war bebaut mit einem Vorderhaus, das Parterre einen Laden beherbergte und dessen Wohnungen von der 1. bis 3. Etage aus fünf Zimmern, in der 4. Etage aus vier Zimmern mit jeweils etwa 40 qm Wohnfläche bestanden und aus einem Anbau im Hof, der zwei Toiletten und ein Waschhaus enthielt. Errichtet im 17. Jahrhundert, entsprach die Wohnqualität schon längst nicht mehr den ohnehin geringen Ansprüchen der Zeit nach dem Ersten Weltkrieg, teilte dies Schicksal aber mit zahlreichen vergleichbaren Häusern der hannoverschen Altstadt. Seit 1919 befand sich das Haus im Besitz des jüdischen Partiewarenhändlers Benjamin Fischel (Fiszel). Fast alle Mieter waren Juden, darunter die meisten mit ähnlichem biographischen und sozialen Hintergrund wie die Familie Grynszpan, sie stammten aus dem polnischen Teil Russlands und hatten nach 1919 die polnische Staatsbürgerschaft angenommen.

Benjamin Fischel verkaufte der Stadt Hannover am 8. November 1938 sein Grundstück Burgstraße 36 mit dem dazugehörigen Haus zum Preis von 13.100 RM und erhielt außerdem als Entschädigung für die Aufgabe seines verpachteten Geschäfts weitere 1.400 RM. Eingeleitet wurde der Grundstücksankauf am 10. Oktober 1938, als die Stadtverwaltung erstmals Kontakt mit Fischel aufnahm. Es dauerte also keinen Monat bis zum Verkauf, und, obwohl nicht in unmittelbarer Folge des Pogroms zustande gekommen, spielten die Ereignisse für das Tempo des Vorgangs eine Rolle. Beträchtlichen Einfluss auf die schnelle Einwilligung Fischels in das städtische Angebot hatte außerdem die Abschiebung der polnischen Juden Ende Oktober 1938, denn darunter befand sich auch die Familie des Hauseigentümers, der selbst nur von dieser Deportation verschont blieb, weil er eine Mittlerfunktion ausübte.

Der mit dem Grundstücksankauf betraute Stadtbaurat Elkart trug Oberbürgermeister Haltenhoff denn auch am 7. November vor, dass schnelles Handeln geboten sei: „Um sofortige Beschlussfassung über dieses Angebot wird gebeten, weil mit der Wahrscheinlichkeit zu rechnen ist, dass Herr Fischel nach Polen auswandert – die Familie ist bereits vor einer Woche nach Polen geschickt – und dann wegen Auflassung des Grundstücks Schwierigkeiten entstehen. Die Stadtgemeinde würde dann Schaden erleiden."
Einmal vernachlässigt, dass Elkart hier den Eindruck erweckt, als sei Familie Fischel so etwas wie eine Kinderlandverschickung widerfahren, ist der ausgeübte Zwang bürokratisch verklausuliert: Fischel unterbreitet der Stadt ein Angebot, sein Haus zu verkaufen, die Stadt nimmt nach unverzüglicher Beschlussfassung am 8. November 1938 das Angebot an. In Wirklichkeit wollte Fischel sein Grundstück keineswegs verkaufen, da ihm aber Enteignung wegen der Zugehörigkeit des Grundstücks zum Sanierungsgebiet angedroht war, und, als nach dem Anschlag in Paris die antisemitische Propaganda neue Höhen erreichte, sich ein neuer, gewaltiger Druck aufbaute, blieb ihm keine Wahl und er willigte in den Verkauf ein. Bereits am 11. November wurde das Grundstück aufgelassen. Von der Kaufsumme wurden erst die Hypotheken zweier deutscher, nichtjüdischer Gläubiger abgelöst, den Rest erhielt der Verkäufer ausnahmsweise in bar. Benjamin Fischel gelang es nicht, Deutschland zu verlassen, er wurde mit seiner Ehefrau Mathilde Marja geb. Rosenritter (Rosenryter) Opfer des Holocaust und starb im Konzentrationslager Auschwitz.

Anfang Juli 1939 war das Haus „von sämtlichen Mietern geräumt", wie die Hausgrundstücksverwaltung mitteilte, aber schon kurze Zeit später, Anfang Oktober, wurden die Sanierungsmaßnahmen wegen des Zweiten

Weltkriegs gestoppt und die Stadt bestimmte, „dass diese Wohnungen behelfsmäßig wieder eingerichtet und (…) für vorübergehend unterzubringende Familien in Anspruch genommen werden." Bis zur Ausbombung am 8./9. Oktober 1943 blieb das Haus Burgstraße 36 so vom Abriss verschont.

Nach Ende des NS-Regime betrieben die überlebenden Kinder von Benjamin und Mathilde Marja Fischel ein Rückerstattungsverfahren, dem die Wiedergutmachungskammer beim Landgericht Hannover 1952 in vollem Umfang entsprach. Das Gericht sah es als erwiesen an, dass ein jüdischer Hauseigentümer im Oktober/November 1938 keine reale Möglichkeit hatte, sich zu weigern, sein Grundstück zu verkaufen. Besonders hervorgehoben wurde die viel zu geringe Entschädigung für die Aufgabe des Geschäftes, von dessen Erträgen die Familie bislang gelebt hatte. Aber auch der Kaufpreis für das Grundstück wurde, verglichen mit zeitgleich verkauften Objekten in unmittelbarer Nachbarschaft, als zu niedrig angesehen. Das Gericht betonte, dass unter den herrschenden Umständen, Fischel keine Chance hatte, eine faire Verhandlung zu führen und gab den Erben das Grundstück zurück.

Quellen/Literatur

Die Darstellung zu Herschel Grynszpan fußt auf dem Beitrag von Klaus Mlynek im Ausstellungskatalog „Reichskristallnacht" in Hannover, 1978, dem Buch von Hans-Jürgen Döscher: »Reichskristallnacht«, Die Novemberpogrome 1938, Einwohnermeldeunterlagen und dem Adressbuch der Stadt Hannover 1938. Für das Kapitel über die Burgstraße 36 wurden diverse Adressbücher, das Hausstandsbuch und die Akten aus dem Stadtarchiv Hannover HR 9, Nr. 242, Rechtsamt Nr. 58 und Wohnungsamt 1274 herangezogen.

Die brennende Synagoge in der Bergstraße, vermutlich in der Zeit zwischen 1.30 und 2.30 Uhr am 10. November 1938 vom Turm der Neustädter Kirche aus aufgenommen. Der Pressefotograf Wilhelm Hauschild hatte zuvor zunächst an der NSDAP-Gedenkveranstaltung in der Stadthalle, danach an der Vereidigung der SS-Anwärter im Konzerthaus teilgenommen, wie die von ihm in der Tagespresse veröffentlichten Fotos belegen. Mit großer Wahrscheinlichkeit ist Hauschild nach Ende der Vereidigungszeremonie mit den SS-Leuten zur bereits brennenden Synagoge gezogen und hat dieses sensationelle Foto geschossen. Es konnte dem Nachlass Hauschilds, der im Historischen Museum aufbewahrt wird, erst vor kurzer Zeit nachträglich beigefügt werden. Anlässlich des 70. Jahrestages der Zerstörung der hannoverschen Synagoge wird es erstmals öffentlich gezeigt.

DER NOVEMBERPOGROM 1938 IN HANNOVER

CHRONOLOGIE DER EREIGNISSE

Reich	Hannover	Gesetze/Verordnungen
1. April 1933 Nach „wilden" Aktionen gegen jüdische Geschäfte und Juristen im März des Jahres wird der von der Parteispitze der NSDAP gesteuerte erste reichsweite Boykott gegen jüdische Geschäfte durchgeführt.	**1. April 1933** In Hannover werden zahlreiche jüdische Geschäfte in der Innenstadt und den Stadtteilen mit Boykott-Plakaten beklebt und der Geschäftsbetrieb durch SA unterbunden. Zeitgleich erfolgt die Besetzung der Gewerkschaftshäuser Nikolaistraße und Rathenauplatz durch die SA.	**7. April 1933** Das „Gesetz zur Wiederherstellung des Berufsbeamtentums" führt zur Entlassung aller Juden aus dem öffentlichen Dienst.
		15. September 1935 Erlass der „Nürnberger Gesetze". Das „Reichsbürgergesetz" macht Juden zu Bürgern mit minderen politischen Rechten.
		26. April 1938 Die „Verordnung über die Anmeldung des jüdischen Vermögens" verlangt von allen Juden bis zum 30. Juni die Anmeldung von Vermögen, die 5.000 Reichsmark überschreiten.
		14. Juni 1938 Die 3. Verordnung zum Reichsbürgergesetz verlangt die Registrierung und Kennzeichnung jüdischer Gewerbebetriebe. Die wenig später (25.7.) folgende 4. Verordnung annulliert die Approbation aller jüdischen Ärzte; in Ausnahmefällen dürfen sie als „Krankenbehandler" ausschließlich Juden weiterhin medizinisch betreuen. Mit der 5. Verordnung (27.9.) wird die Zulassung aller jüdischen Rechtsanwälte gestrichen.

Das Damenhüte- und Pelzwarengeschäft von Ernestine Wolosker im Herzen der Stadt Am Markte 1, wurde am 1. April 1933 mit einem Boykottplakat des hannoverschen „Aktionskomitees" beschmutzt.

Reich	Hannover	Gesetze/Verordnungen
28. Oktober 1938 17.000 Juden aus dem ganzen Reich werden über die polnische Grenze abgeschoben. Zuvor hatte die polnische Regierung ein Gesetz erlassen, welches mit Wirkung zum 1. November die Ausbürgerung aller mehr als fünf Jahre ununterbrochen im Ausland lebenden Staatsangehörigen ermöglichte. Erst nach tagelangem Ausharren im Niemandsland gestattet Polen den aus Deutschland abgeschobenen Juden die Einreise.	**27. Oktober 1938** 484 Juden polnischer Staatsangehörigkeit aus Hannover, darunter Familie Grynszpan, werden verhaftet und am nächsten Tag in Richtung Polen abgeschoben.	**5. Oktober 1938** „Verordnung über Reisepässe": Die bisherigen Reisepässe werden eingezogen, eine Neuausgabe erschwert und die neuen Pässe mit einem „J" gekennzeichnet.
7. November 1938, 9:35 Uhr In der Deutschen Botschaft in **Paris** feuert der 17jährige Herschel Grynszpan fünf Pistolenschüsse auf den Gesandtschaftssekretär Ernst vom Rath ab und verwundet diesen schwer. **7. November 1938, abends** Erste antisemitische Kundgebungen und Ausschreitungen in **Magdeburg-Anhalt** und **Kurhessen**, u.a. bereits Brandschatzung der Synagoge in Bad Hersfeld		
	9. November 1938, 18:00 Uhr Die NSDAP veranstaltet in der Stadthalle eine Gedenkfeier an den 9. November 1923 (sog. „Hitler-Ludendorff-Putsch"). Die Veranstaltung endet zwischen 20:00 und 21:00 Uhr.	

NSDAP-Gedenkfeier am Abend des 9. November in der Stadthalle. Hannoverscher Anzeiger, 10. November 1938, Foto: Wilhelm Hauschild.

Reich	Hannover	Gesetze/Verordnungen
9. November 1938, zwischen 19:00 und 20:00 Uhr In **München** erhalten die zur Gedenkfeier an den Hitler-Putsch versammelten NS-Parteiführer die telegraphische Nachricht, dass Ernst vom Rath in Paris seinen Verletzungen erlegen ist. Hitler ist vor 20:00 Uhr über den Tod des Botschaftssekretärs im Bilde und tauscht sich darüber mit Goebbels aus.		
9. November 1938, 20:00 Uhr Beginn des traditionellen „Kameradschaftsabends" der nationalsozialistischen Parteigrößen im Alten Rathaus in **München**.	**9. November 1938, 20:00 Uhr** Beginn der feierlichen Vereidigung von Anwärtern der hannoverschen SS (SS-Abschnitt IV) im Konzerthaus am Leineufer.	
9. November 1938, 22:00 Uhr In **München** informiert Goebbels die Reichs- und Gauleiter über den Tod vom Raths und fordert in einer Hetzrede Vergeltung, die aber nach Außen hin nicht als von der Partei gelenkt erscheinen soll.		
9. November 1938, 22:30 Uhr Nach **Ende der Münchner Veranstaltung** geben die Gauleiter und SA-Führer z.T. noch aus dem Alten Rathaus erste Anweisungen zu Aktionen gegen jüdische Geschäfte und Synagogen telefonisch an ihre regionalen Dienststellen durch.	**9. November 1938, ca. 24:00 Uhr** Der Führer des hannoverschen SS-Abschnitts IV, SS-Oberführer Kurt Benson, erscheint im Konzerthaus zur feierlichen Vereidigung der SS-Anwärter, nachdem er vorher auf der Parteifeier in der Stadthalle die SS repräsentiert hatte.	

Das Konzerthaus am Hohen Ufer, Ort der nächtlichen SS-Vereidigungszeremonie am 9./10. November.
Foto: Wilhelm Hauschild, 1935.

Nach Mitternacht des 9. November beginnt die feierliche, rituelle Vereidigung von SS-Anwärtern.
Hannoverscher Anzeiger, 10. November 1938,
Foto: Wilhelm Hauschild.

SS-Oberführer Kurt Benson (1902 - 1942), Führer des hannoverschen SS-Abschnitts IV und lokaler Befehlsgeber der Pogromnacht.

Reich	Hannover	Gesetze/Verordnungen
9. November 1938, 23:55 Uhr Fernschreiben des Chefs des Geheimen Staatspolizeiamts in **Berlin** an die Staatspolizeileitstellen und Staatspolizeistellen, welches bevorstehende Aktionen gegen Juden und insbesondere Synagogen ankündigt. Die Polizei wird angewiesen die Aktionen nicht zu behindern. Außerdem ist die Festnahme von 20.000 bis 30.000 Juden im Reich vorzubereiten.	**10. November 1938, 0.30 Uhr** Benson vereidigt die neuen SS-Mitglieder, die aus der Hitler-Jugend und der Polizei stammen.	
10. November 1938, 1:20 Uhr Fernschreiben des Chefs der Sicherheitspolizei und des SD, Reinhard Heydrich, aus **München** an die Staatspolizeileitstellen und Staatspolizeistellen mit weiteren Anweisungen zur Verhaftungsaktion von insbesondere wohlhabenden Juden, die schnellstmöglich in Konzentrationslager deportiert werden sollen.	**10. November, 1:30 Uhr** Ende der Veranstaltung im Konzerthaus. Die SS-Verbände ziehen in Richtung der bereits brennenden Synagoge in der Bergstraße, wo sie einen Absperrring bilden. Gleichzeitig trifft der SS-Reitersturm ein, der nach der Kundgebung in der Stadthalle im SS-Hauptquartier am Horst-Wessel-Platz (heute Königsworther Platz) in Bereitschaft gehalten worden war. Der SS-Einsatz steht unter dem Oberbefehl des Führers des SS-Oberabschnitts Braunschweig, SS-Obergruppenführer Friedrich Jeckeln, der bereits mittags von Braunschweig nach Hannover gekommen war um von hier aus mit Benson antijüdische Aktionen z. B. in Göttingen und Hildesheim auszulösen.	
	10. November, 2:35 Uhr Durch die Staatspolizei wird Feueralarm durchgegeben. Die äußere Absperrung der Synagoge wird von der SS übernommen. Die Feuerlöschpolizei ist zugegen und räumt die anliegenden Häuser.[1]	

Reich	Hannover	Gesetze/Verordnungen
	10. November, ab 3:00 Uhr Ein Teil der SS-Leute wird von der Synagoge abgezogen und für Aktionen gegen jüdische Geschäfte und Wohnungen eingesetzt. Am Vormittag des 10. November melden die Lageberichte der Polizeireviere bereits über 80 betroffene jüdische Geschäfte.[2] Außerdem wird neben der Synagoge auch die Trauerhalle auf dem jüdischen Friedhof in Bothfeld in Brand gesetzt.[3]	
	10. November, ab 5:00 Uhr Die SS wird ganz aus dem Bereich um die Synagoge abgezogen. Die Absperrung übernehmen Arbeitsdienst und Schutzpolizei.	

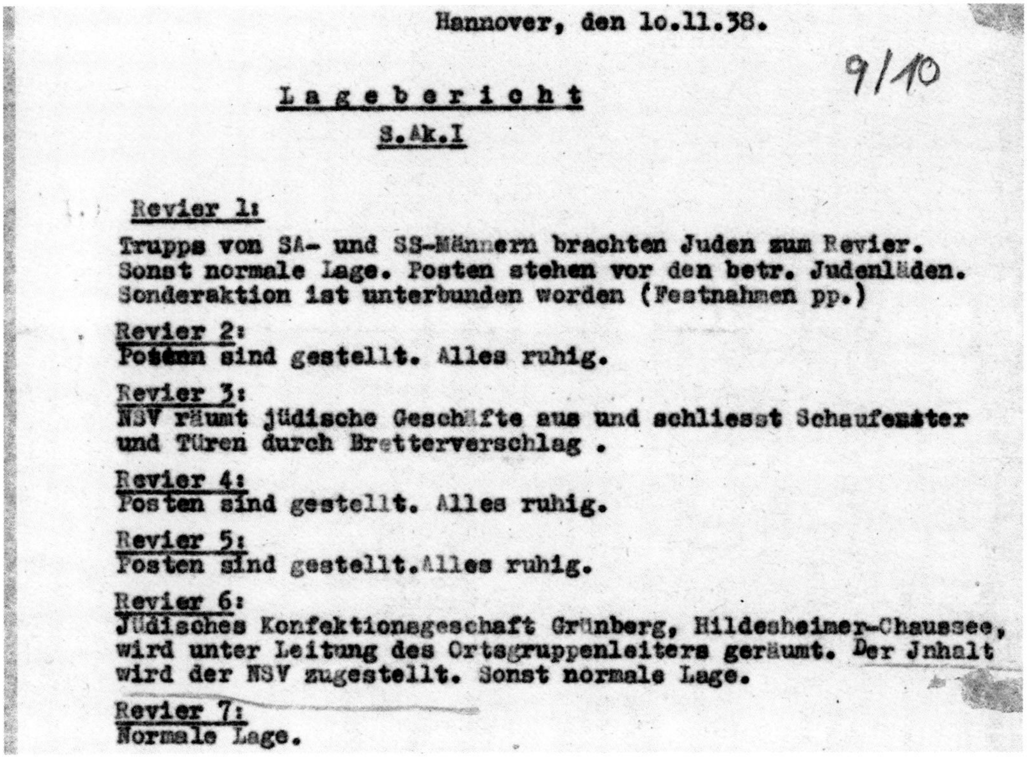

Hannover, den 10.11.38.

9/10

Lagebericht

S.Ak.I

Revier 1:
Trupps von SA- und SS-Männern brachten Juden zum Revier. Sonst normale Lage. Posten stehen vor den betr. Judenläden. Sonderaktion ist unterbunden worden (Festnahmen pp.)

Revier 2:
Posten sind gestellt. Alles ruhig.

Revier 3:
NSV räumt jüdische Geschäfte aus und schliesst Schaufenster und Türen durch Bretterverschlag .

Revier 4:
Posten sind gestellt. Alles ruhig.

Revier 5:
Posten sind gestellt.Alles ruhig.

Revier 6:
Jüdisches Konfektionsgeschaft Grünberg, Hildesheimer-Chaussee, wird unter Leitung des Ortsgruppenleiters geräumt. Der Jnhalt wird der NSV zugestellt. Sonst normale Lage.

Revier 7:
Normale Lage.

Lageberichte der Polizeireviere über die Zeit nach dem Ende der Pogromaktionen am 10. November.

Reich	Hannover	Gesetze/Verordnungen
	10. November, 7:30 Uhr Durch die Technische Nothilfe wird die Kuppel der Synagoge gesprengt. Weitere Sprengungen werden im Verlauf des Tages vorgenommen.	
	10. November, 8:00 Uhr Die Löscharbeiten an der Synagoge werden beendet. Der Lagebericht der Polizei von 8:15 Uhr spricht von einer Menschenansammlung von ca. 300 Personen in der Nähe der Synagoge.[4]	
	10. November, mittags Bereits 70 Personen sind im Polizeigefängnis inhaftiert. Die zerstörten jüdischen Geschäfte sind durch Posten gesichert. SS-Kommandos sind dabei, einzelne Geschäfte auszuräumen. Waren werden auf LKW abtransportiert und an die NSV oder das WHV übergeben.[5]	
	10. November, 18:00 Uhr Beginn der „Sonderaktion Benson": Auf Befehl des Führers des SS-Abschnitts IV, SS-Oberführer Kurt Benson, werden erneut jüdische Geschäfte und Wohnungen demoliert sowie zahlreiche Wertgegenstände beschlagnahmt. Die Aktion wird erst gegen Mitternacht beendet.	

Ein Schutzpolizist sichert ein (unbekanntes) zerstörtes jüdisches Geschäft in Hannover. Die Aufnahme ist vermutlich am 10. November entstanden.

Reich	Hannover	Gesetze/Verordnungen
	Nacht vom 10. auf den 11. November Ab Mitternacht werden die bisher zur Bewachung von Schadensstellen noch eingesetzten SS-Männer durch reguläre Polizei abgelöst. Es finden keine weiteren Aktionen gegen jüdische Geschäfte und Wohnungen mehr statt.[6]	
	11. November, 6:15 Uhr 275 der im Polizeigefängnis und der Turnhalle der ehemaligen Kriegsschule insgesamt in „Schutzhaft" genommenen 333 jüdischen Männer und einer Frau aus Hannover und der Region werden von einem Wachkommando zum Bahnhof verbracht. Von dort erfolgt der Weitertransport ins KZ Buchenwald zusammen mit weiteren 41 Verhafteten u.a. aus Hildesheim.[7] Nach unterschiedlich langer Haftzeit kehren alle Deportierten zunächst zurück.	

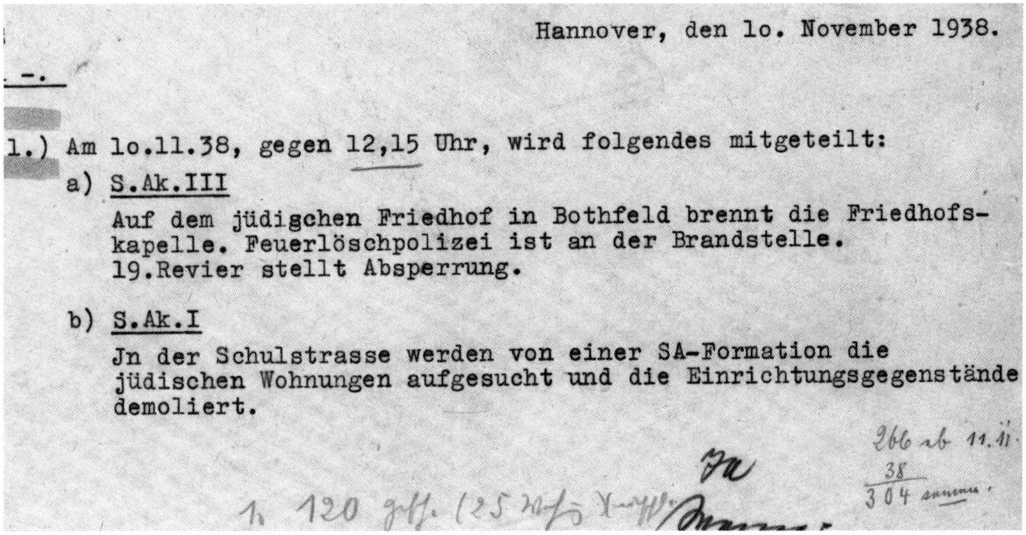

Hannover, den lo. November 1938.

1.) Am lo.11.38, gegen 12,15 Uhr, wird folgendes mitgeteilt:

a) S.Ak.III

Auf dem jüdigchen Friedhof in Bothfeld brennt die Friedhofskapelle. Feuerlöschpolizei ist an der Brandstelle. 19.Revier stellt Absperrung.

b) S.Ak.I

Jn der Schulstrasse werden von einer SA-Formation die jüdischen Wohnungen aufgesucht und die Einrichtungsgegenstände demoliert.

Mitteilung der Polizei vom 10. November über die Brandschatzung auf dem jüdischen Friedhof und die Zerstörung jüdischer Wohnungen. Auf dem Blatt handschriftliche Marginalien über beschädigte Geschäfte (120), Wohnungen (25) und Inhaftierte (304).

Reich	Hannover	Gesetze/Verordnungen
	11. November Auf Verfügung des Höheren Polizeiführers, SS-Obergruppenführer Jeckeln, werden sämtliche Bank- und Kreditanstalten angewiesen, jüdische Guthaben zu sperren und Wertdepots zu schließen.[8]	
12. November 1938 In **Berlin** findet unter dem Vorsitz Görings im Reichsluftfahrtministerium eine Besprechung mit über 100 Teilnehmern statt. Es wird eine Reihe von Maßnahmen festgelegt, deren Ziel in der Ausschaltung der Juden aus dem deutschen Wirtschaftsleben besteht.[9]		**12. November 1938** Die „Verordnung zur Ausschaltung der Juden aus dem deutschen Wirtschaftsleben" verbietet den Juden zum 1. Januar 1939 den Betrieb von Geschäften, Handwerksbetrieben sowie Handel und Dienstleistungen. „Verordnung über die Sühneleistung der deutschen Juden": Als „Sühne" für das Pariser Attentat wird der Judenschaft im Reich die Zahlung von 1 Milliarde Reichsmark auferlegt. „Verordnung über die Wiederherstellung des Straßenbildes": Alle beim Novemberpogrom entstandenen Schäden müssen von den Juden selbst getragen werden.

Bei der feierlichen Einweihung des Maschsees am 21. Mai 1936 repräsentierten Obergruppenführer Jeckeln (6. von rechts) und Oberführer Benson (7. von rechts) die SS in der ersten Reihe der Honoratioren. In ihrer Nähe u.a. NS-Stadtrat Bakemeier (2. von rechts), Oberbürgermeister Menge (mit Zylinder) und NSDAP-Gauleiterstellvertreter Schmalz (5. von rechts).

Reich	Hannover	Gesetze/Verordnungen
	3. Dezember 1938 Der Abschlussbericht des Polizeipräsidenten an den Regierungspräsidenten in Hannover fasst die Ereignisse des Novemberpogroms in Hannover zusammen: Die Synagoge in der Bergstraße und die Trauerhalle auf dem jüdischen Friedhof in Bothfeld sind niedergebrannt, 94 Geschäfte und 27 Wohnungen zerstört.[10]	**3. Dezember 1938** Mit der „Verordnung über den Einsatz des jüdischen Vermögens" wird die „Zwangsarisierung" bzw. „Liquidierung" (Auflösung) aller noch verbliebenen jüdischen Geschäfte angeordnet.

Anzeige der Firma Weipert über die erfolgreiche Arisierung des jüdischen Textilgeschäfts „Texta" in der Großen Packhofstraße. Niedersächsische Tageszeitung, 25. November 1938.

Die Chronologie stützt sich auf NLA-HStAH Hann. 87 Nr. 258, Titel: „Akten des Polizeipräsidenten betr. Aktion gegen die Juden in der Nacht vom 09. zum 10. November 1938" und Angaben in: Peter Schulze, Die jüdische Gemeinde zu Hannover, in: Herbert Obenaus (Hg.): Historisches Handbuch der jüdischen Gemeinden in Niedersachsen und Bremen. Band I. Göttingen 2005, außerdem auch Historisches Museum Hannover (Hg.): „Reichskristallnacht" in Hannover. Beiträge zur Ausstellung 7. November 1978 – 21. Januar 1979. Hannover 1978. Hannover 1978, und die Beiträge von Hans-Dieter Schmid und Silke Petry in diesem Band. Weiterhin wurden benutzt die Tageszeitungen Hannoversches Tageblatt, Hannoverscher Anzeiger und Niedersächsische Tageszeitung, die vor allem wegen der unterschiedlich differenzierten Berichterstattung zu den beiden Veranstaltungen am Abend des 9. November 1938 in der Stadthalle und im Konzerthaus von Bedeutung sind.
Für die Angaben zur Reichsebene: Wolf-Arno Kropat: „Reichskristallnacht", Der Judenpogrom vom 7. bis 10. November 1938 – Urheber, Täter, Hintergründe, Wiesbaden 1997; Hans-Jürgen Döscher: „Reichskristallnacht", Die Novemberpogrome 1938, 3. Aufl. München 2000.

1 NLA – HStAH Hann. 87 Hannover, Nr. 258, Bl. 1r
2 NLA – HStAH Hann. 87 Hannover, Nr. 258, Bl. 1r-3r
3 NLA – HStAH Hann. 87 Hannover, Nr. 258, Bl. 7r
4 NLA – HStAH Hann. 87 Hannover, Nr. 258, Bl. 1r
5 NLA – HStAH Hann. 87 Hannover, Nr. 258, Bl. 9r-14r
6 NLA – HStAH Hann. 87 Hannover, Nr. 258, Bl. 16r
7 NLA – HStAH Hann. 87 Hannover, Nr. 258, Bl. 16r
Vgl. auch den Aufsatz von Silke Petry in diesem Band.
8 NLA – HStAH Hann. 87 Hannover, Nr. 258, Bl. 34r
9 Für das Protokoll der Besprechung vgl. die folgende aufschlussreiche Dokumentensammlung: John Mendelsohn (Hg.): The Holocaust. Vol. 3: The Crystal Night Pogrom. New York, London 1982, S. 78-140.
10 NLA – HStAH Hann. 87 Hannover, Nr. 258.

In Barsinghausen wurden sieben jüdische Männer verhaftet und in der städtischen Obdachlosenunterkunft in der Kaltenbornstraße festgehalten. Am 10. November 1938 nachmittags brachte man die Gruppe, bewacht von Polizei und SS-Angehörigen, nach Hannover. Dort wurden sie im Polizeigefängnis erneut inhaftiert. Das vom Frisör Ernst Eggers heimlich aufgenommene Bild zeigt den Kaufmann Sally Hirschberg, den Schlachter Erich Seligmann, den Kaufmann Hermann Lehmann und, mit der Hand am Hut, den Lehrer und Rabbiner Siegfried Rothschild.

„ICH DACHTE UNWILLKÜRLICH AN DANTES HÖLLE“

DIE INHAFTIERUNG JÜDISCHER HANNOVERANER UND IHRE VERSCHLEPPUNG IN DAS KONZENTRATIONSLAGER BUCHENWALD AM 10./11. NOVEMBER 1938

Silke Petry

Den Vorwand für den Pogrom im November 1938 lieferte das Attentat auf den deutschen Legationssekretär Ernst vom Rath in Paris, das der 17-jährige Herschel Grünspan aus Hannover am 7. November 1938 verübte. Anlass für den Anschlag war die Abschiebung von etwa 17.000 polnischen Juden am 28. Oktober 1938 nach Polen – unter ihnen auch die Familie des jungen Herschel. Ohne nennenswerte Reaktionen aus der deutschen Bevölkerung wurden in der Nacht vom 9. auf den 10. November 1938 und im Verlauf des folgenden Tages Synagogen zerstört und in Brand gesetzt, jüdische Geschäfte und Wohnungen verwüstet und geplündert. Vielfach wurden Juden misshandelt und ermordet.

Schlimmer als die Sachbeschädigungen wog für die jüdische Bevölkerung, dass während des Pogroms ca. 30.000 jüdische Männer und Frauen im gesamten Reich verhaftet wurden. Etwa 26.000 der männlichen Häftlinge wurden bis zum 16. November 1938, dem offiziellen Ende der Verhaftungsaktion, in die Konzentrationslager Buchenwald, Dachau und Sachsenhausen verschleppt. Im Gegensatz zu den systematischen Deportationen ab Oktober 1941 lassen die Verhaftungen und Verschleppungen in der Reichspogromnacht keine Planung und Organisation erkennen. Die Verhaftungen erfolgten zum Teil unter chaotischen Umständen. Der Verlauf unterschied sich in den Städten mit Staats- und Kriminalpolizeistellen deutlich von ländlichen Regionen und kleineren Orten, in denen die Ortspolizei ihr Hilfspersonal häufig aus SA- und NSDAP-Mitgliedern zusammenstellte.[1] In vielen Fällen wurde die gesamte männliche jüdische Bevölkerung eines Ortes verhaftet; in einigen Orten wurden auch Frauen und Kinder in Kellern von Amtsgebäuden oder Spritzenhäusern der Feuerwehr festgesetzt.

Während Verlauf und Hintergründe des Novemberpogroms gründlich aufgearbeitet worden sind, bleibt der Aspekt der Inhaftierung zehntausender jüdischer Männer weitestgehend unberücksichtigt. Der folgende Beitrag versucht die Geschehnisse in Hannover, die Haft im Konzentrationslager Buchenwald und vor allem die Folgen für die Opfer darzustellen. Ausgangspunkt ist die Einlieferungsliste des Polizeigefängnisses in Hannover vom 10. November

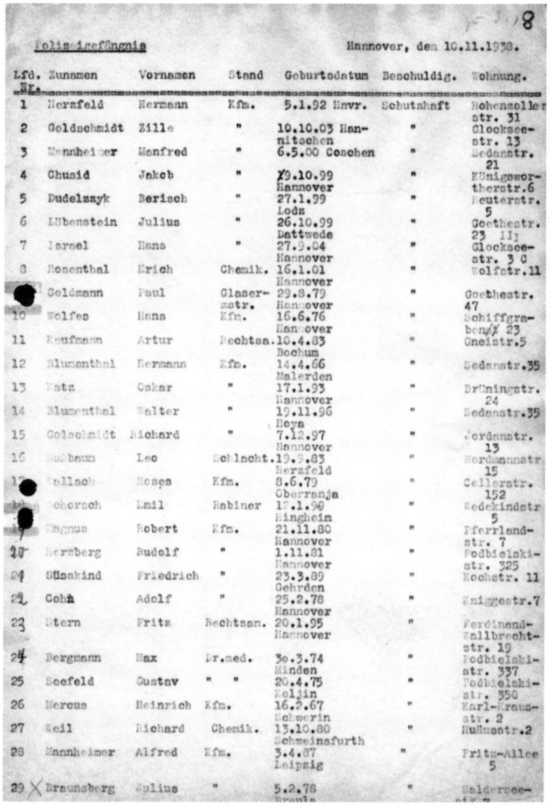

8

Polizeigefängnis Hannover, den 10.11.1938.

Lfd. Nr.	Zunamen	Vornamen	Stand	Geburtsdatum	Beschuldig.	Wohnung.
1	Herzfeld	Hermann	Kfm.	5.1.92 Hnvr.	Schutzhaft	Hohenzollernstr. 31
2	Goldschmidt	Zille	"	10.10.03 Hannitschen	"	Clockseestr. 13
3	Mannheimer	Manfred	"	6.5.00 Coschen	"	Sedanstr. 21
4	Chusid	Jakob	"	9.10.99 Hannover	"	Königswortherstr.6
5	Dudelzzyk	Berisch	"	27.1.99 Lodz	"	Reuterstr. 5
6	Löbenstein	Julius	"	26.10.99 Dattwede	"	Goethestr. 23 III
7	Israel	Hans	"	27.9.04 Hannover	"	Glockseestr. 3 C
8	Rosenthal	Erich	Chemik.	16.1.01 Hannover	"	Wolfstr.11
[illegible]	Goldmann	Paul	Glasermstr.	29.8.79 Hannover	"	Goethestr. 47
10	Wolfes	Hans	Kfm.	16.6.76 Hannover	"	Schiffgraben 23
11	Kaufmann	Artur	Rechtsa.	10.4.83 Bochum	"	Gneistr.5
12	Blumenthal	Hermann	Kfm.	14.4.66 Malerden	"	Sedanstr.35
13	Katz	Oskar	"	17.1.93 Hannover	"	Brüningstr. 24
14	Blumenthal	Walter	"	19.11.96 Hoya	"	Sedanstr.35
15	Goldschmidt	Richard	"	7.12.97 Hannover	"	Jordanstr. 13
16	Nußbaum	Leo	Schlacht.	19.9.83 Herzfeld	"	Nordmannstr 15
17	Wallsch	Moses	Kfm.	8.6.79 Oberranja	"	Cellerstr. 152
[illegible]	Schorsch	Emil	Rabiner	1?.1.90 Hingheim	"	Wedekindstr 5
[illegible]	Magnus	Robert	Kfm.	21.11.80 Hannover	"	Pferrlandstr. 7
20	Herzberg	Rudolf	"	1.11.81 Hannover	"	Podbielskistr. 325
21	Süsskind	Friedrich	"	23.3.89 Gehrden	"	Kochstr. 11
22	Cohn	Adolf	"	25.2.78 Hannover	"	Kniggestr.7
23	Stern	Fritz	Rechtsan.	20.1.95 Hannover	"	Ferdinand-Wallbrecht-str. 19
24	Bergmann	Max	Dr.med.	30.3.74 Minden	"	Podbielskistr. 337
25	Seefeld	Gustav	" "	20.4.75 Koljin	"	Podbielskistr. 350
26	Mercus	Heinrich	Kfm.	16.2.67 Schwerin	"	Karl-Kraus-str. 2
27	Weil	Richard	Chemik.	13.10.80 Schweinsfurth	"	Hußusstr.2
28	Mannheimer	Alfred	Kfm.	3.4.87 Leipzig	"	Fritz-Allee 5
29	Braunsberg	Julius	"	5.2.78	"	Walderseestr.

Erste Seite der Einlieferungsliste des Polizeigefängnisses Hannover vom 10. November 1938

Luftaufnahme der Gegend um den Waterlooplatz, um 1920. Im Vordergrund liegt das Gelände der Polizeidirektion Hannover mit dem Polizeigefängnis (Mitte rechts) und den seit 1919 dazu gehörenden Gebäuden der ehemaligen Kriegsschule, darunter die Turnhalle (Mitte links).

1938 mit den Namen der dort inhaftierten Juden.[2] Insgesamt finden sich 333 Namen jüdischer Männer und der einer Frau aus dem Regierungsbezirk Hannover auf dieser Liste – 181 kamen aus der Stadt Hannover. Von 143 Hannoveranern konnte das Schicksal nach dem Pogrom rekonstruiert werden.[3] Etwa der Hälfte gelang es trotz Beschränkungen und Repressionen Deutschland zu verlassen.

Der Verlauf der Verhaftungsaktion in Hannover

Um 23:55 Uhr des 9. November 1938 ordnete Heinrich Müller, Chef der Geheimen Staatspolizei, in einem Fernschreiben an alle Gestapostellen die Festnahme von 20.000-30.000 vor allem vermögender Juden im Reiche an. Etwa 1½ Stunden später, um 1:20 Uhr, erteilte Reinhard Heydrich, Chef der Sicherheitspolizei und Vorgesetzter Heinrich Müllers, in einem Blitztelegramm weitere Anweisungen hinsichtlich der zuvor von Müller angeordneten Festnahmeaktion:
„Sobald der Ablauf der Ereignisse in dieser Nacht die Verwendung der eingesetzten Beamten hierfür zulässt, sind in allen Bezirken so viele Juden – insbesondere Wohlhabende – festzunehmen, als in den vorhandenen Hafträumen untergebracht werden können. Es sind zunächst nur gesunde und männliche Juden nicht zu hohen Alters festzunehmen. Nach Durchführung der Festnahme ist unverzüglich mit den zuständigen Konzentrationslagern wegen schnellster Unterbringung der Juden in den Lagern Verbindung aufzunehmen. Es ist besonders darauf zu achten, dass die aufgrund dieser Weisung festgenommenen Juden nicht misshandelt werden." [4]

Im Regierungsbezirk Hannover wurden in der Nacht vom 9. auf den 10. November 1938 und im Verlauf des Tages sowie in der folgenden Nacht 333 jüdische Männer und mit Else Graetz auch eine Frau verhaftet und im Polizeigefängnis in der Waterloostraße sowie in der auf dem selben Gelände liegenden Turnhalle der ehemaligen Kriegsschule inhaftiert.[5] Else Graetz, mit Hermann Graetz in so genannter Mischehe verheiratet, wurde am Morgen des 10. November 1938 wegen angeblicher Fluchtbegünstigung ihres Mannes von der Gestapo festgenommen. Hermann Graetz, der sich bei Freunden verborgen hielt, meldete sich daraufhin bei der Gestapo in der Schlägerstraße. Er wurde sofort in Haft genommen, seine Ehefrau am Abend wieder freigelassen.

Zellentür aus dem früheren Polizeigefängnis, heute Polizeigewahrsam, Aufnahme 2008.

Die Verhaftungen begannen in der Stadt Hannover in den frühen Morgenstunden des 10. November 1938, kurz nach den ersten Anweisungen von Heinrich Müller und Reinhard Heydrich. Die meisten Opfer wurden aus ihren Wohnungen verschleppt, andere aus ihren

Büros und Geschäften geholt. Horst Berkowitz, ehemaliger Rechtsanwalt in Hannover, berichtet, dass er am 10. November 1938, kurz nach Mitternacht, von zwei Gestapo-Beamten in seiner Wohnung in der Erwinstraße verhaftet und zu einem offenen Lastwagen geführt worden sei, auf dem schon mehrere jüdische Männer saßen. Mit diesem Lastwagen, so Berkowitz, sei man von Haus zu Haus gefahren und habe die Männer aus ihren Wohnungen geholt. Weiter berichtet er: „Die Fahrt endete in der Hardenbergstraße beim Polizeipräsidium. Wir kamen zunächst in einen großen Raum, dann, je etwa 12 bis 15 Personen in eine Zelle, wo wir eingeschlossen wurden."[6]

Häufig drangen zunächst „Durchsuchungstrupps" der SS in die Häuser und Wohnungen der jüdischen Familien ein. Sie verwüsteten die Einrichtungen, beschlagnahmten Bargeld sowie Schmuck und ließen oftmals die eingeschüchterten Opfer noch während der so genannten Hausdurchsuchung durch Gestapo-Beamte festnehmen und abführen. So stürmten zum Beispiel vier SS-Männer um 7.00 Uhr morgens die Wohnung von Edgar Seligmann in der Corvinusstraße[7] und durchsuchten die gesamte Wohnung nach Papieren, Wertsachen und Waffen. Seine Ehefrau Thea erinnert sich: „Der Schreibtisch in der Bibliothek wurde vollständig ausgeräumt und die Sachen wurden in einen mitgebrachten Koffer verstaut. Dann erschien noch 1 Sturmführer mit 2 Gestapoleuten, die alles kontrollierten. Auf der Diele standen 2 Gewehrschränke mit allen Utensilien. Jagdflinten mit Patronen. Dazu sagte der Sturmführer, das sei ein Waffenlager. Er nahm alles an sich und gab den Befehl, meinen Mann sofort abzuführen. Auf der Strasse vor unserem Haus stand ein offener LKW mit 2 Bänken auf diesem saßen schon etwa 6 Männer, die verhaftet worden waren. Mein Mann sollte abgeführt werden und brach fast zusammen." [8]

Andere, wie die Brüder Julius und Walther Buchholz, die in den Häusern Osterstr. 13 und 15 eine Berufswäschefabrik betrieben, wurden am Tage des 10. November beim Betreten ihres in der Nacht zuvor zerstörten Geschäftslokals von der SS verhaftet.[9] Die Verhaftungen dauerten bis in die frühen Morgenstunden des 11. November 1938. Ernst Mosheim, dessen Geschäft man in der Herschelstr. 28 am Tage zerstört hatte, wurde erst in der Nacht vom 10. auf den 11. November gegen 2.00 Uhr in die Turnhalle der ehemaligen Kriegsschule auf dem Gelände der Polizeidirektion gebracht. In den Stunden zuvor hatten SS-Männer sämtliche Einbauten und Einrichtungen seiner Wohnung in der Hindenburgstr. 33 zerstört. Eine ehemalige Hausangestellte der Familie Mosheim schildert das Vorgehen der SS im Hause: „Die SS-Männer haben in der Zeit von 9-2 Uhr nachts, nachdem sie alles Wertvolle und ihnen brauchbar erscheinende aus dem Hause geschleppt hatten, so das Radio, eine Reihe gepackter Koffer, die Weinflaschen aus dem Keller und vieles andere, auch Silber, die Wohnungseinrichtung sinnlos zerschlagen – Möbel, Bilder, Geschirr, Esswaren sogar die Toilette, die Glühbirnen und vieles andere."[10] Ernst Mosheim selbst berichtet: „Etwa um 2 Uhr nachts erschien ein höherer SS-Führer, der sich davon überzeugte, ob auch alles gründlich gemacht wurde. Ich wurde zu ihm geführt und er fragte mich, wie viel Gefolgschaftsmitglieder noch in meinem Geschäft beschäftigt seien. Darauf erklärte er ‚KZ'. Kurze Zeit später wurde mir von einem SS-Mann die Uhr geraubt und ich wurde in einen Wagen geschafft und in die Turnhalle der Polizei gebracht [...]." [11]

Weder Alter, sozialer Status noch Vermögenslage der Häftlinge lassen eine Aussage darüber zu, nach welchen Kriterien die Verhaftungen in Hannover durchgeführt wurden. Unter den Häftlingen waren Akademiker, Handwerker und auch Arbeiter. Die Mehrzahl wurde auf der Verhaftetenliste des Polizeigefängnisses mit der Berufsbezeichnung „Kaufmann" geführt, wobei nicht deutlich wird, ob es sich um selbstständige Kaufleute oder um Angestellte handelte. Ebenso werden Berufe wie Geschäftsführer, Fabrikanten oder Makler genannt, die sich ebenfalls den kaufmännischen Berufen zuordnen lassen.

Ob nach schon bestehenden Listen, wie den im April 1938 von den Finanzämtern angelegten Verzeichnissen über jüdisches Vermögen oder eventuellen Aufstellungen der Gestapo vorgegangen wurde, lässt sich für Hannover nicht beantworten. Die Verzeichnisse der Finanzämter entstanden aufgrund einer Verfügung vom 12. März 1938, nach der Listen über die zur Reichsfluchtsteuer heranzuziehenden Juden erstellt werden sollten. Betroffen war jeder Jude mit einem Jahreseinkommen von mehr als 5.000 RM oder einem Vermögen von mehr als 20.000 RM. Die Aufstellungen enthalten neben den Angaben zu Einkommen und Vermögen auch die Anschriften der Betroffenen. Es erscheint jedoch unwahrscheinlich, dass die Gestapo sich bei den Verhaftungen an diesen Listen orientierte, da von den dort aufgeführten 361 Männern aus der Stadt Hannover nur 73 im November 1938 verhaftet wurden. Weniger als die Hälfte der Verhafteten war also als tatsächlich vermögend einzustufen.[12] In einem Strafverfahren gegen einige der Hauptbeteiligten an den Ausschreitungen während des Novemberpogroms sagte einer der Beschuldigten 1947 aus, dass einzelnen Einsatzkommandos Listen mit Adressen von Wohnungen und Geschäften, deren Besitzer oder Bewohner jüdisch waren, ausgehändigt wurden. Der Auftrag lautete, Hausdurchsuchungen nach Feingold und Waffen durchzuführen.[13] In diesem Zusammenhang wurden viele der jeweiligen Inhaber verhaftet und abgeführt.

Trotz der Anordnung Heydrichs, männliche Juden „nicht zu hohen Alters" festzunehmen, waren 43 der Verhafteten aus der Stadt Hannover über 60 Jahre alt. Der Kaufmann Julius Buchholz war mit 77 Jahren der älteste Häftling; der Jüngste, Cygiel Isaak, war im Monat zuvor 16 Jahre alt geworden. Nach ihrer Einlieferung in das Polizeigefängnis wurden die Häftlinge ärztlich untersucht, die Beurteilungen haft- oder lagerfähig aber sehr „großzügig" gehandhabt. Obwohl sich unter ihnen auch kranke und gebrechliche Männer befanden, blieben auch sie in Haft. Mindestens 102 der Häftlinge wurden in das Konzentrationslager Buchenwald überführt. Warum ein Teil im Polizeigefängnis inhaftiert blieb, lässt sich nach heutigem Stand der Forschung nicht beantworten.[14]

Das frühere Polizeigefängnis in der Waterloostraße hat auch in seiner heutigen Funktion als Polizeigewahrsam sein Aussehen nur wenig verändert, Aufnahme 2008.

Die Haft im Konzentrationslager Buchenwald

Am Morgen des 11. November 1938 um 6:15 Uhr wurden 275 der 333jüdischen Männer aus dem Regierungsbezirk Hannover, die im Polizeigefängnis und in der Turnhalle der ehemaligen Kriegsschule inhaftiert waren, in einem Marsch durch die Stadt zum Hauptbahnhof Hannover gebracht. Dort kamen weitere 41 Häftlinge aus anderen Orten hinzu.[15] Noch am selben Tag erreichte der Transport mit insgesamt 316 Personen das Konzentrationslager Buchenwald.

Zwischen dem 10. November und dem 8. Dezember 1938 wurden insgesamt 9.845 Juden in Buchenwald eingeliefert. Die größten Transporte kamen aus Frankfurt/Main (2.621), Breslau (2.471), Oppeln (703), Kassel (695), Bielefeld (406), Magdeburg (375) und Hannover (316). Die Häftlinge, auch „Aktionsjuden" genannt, wurden im Lager Buchenwald in einer vom übrigen Barackenlager durch Stacheldraht getrennten Sonderzone untergebracht. Das Sonderlager befand sich von November 1938 bis Februar 1939 westlich des Appellplatzes und bestand aus fünf Notbaracken mit den Bezeichnungen I A bis V A. Es gab zwei offene Latrinen sowie ein kleineres Gebäude, in dem sich bis Mitte 1938 die provisorische Waschküche befand und nun auch als Unterkunft genutzt wurde. Diese Notbaracken glichen nicht den übrigen Häftlingsunterkünften. Es gab keine Trennung in Schlaf- und Tagesbereich,

Appell im Konzentrationslager Buchenwald im November 1938.

keine sanitären Einrichtungen und keine Fundamentierung. Bis Mitternacht des 10. November 1938 wurden 851 Juden in Buchenwald eingeliefert und in der Baracke I A untergebracht. Unterdessen hatte man mit dem Bau weiterer Baracken begonnen. Die Häftlinge, die nach Mitternacht eintrafen, konnten zunächst nicht untergebracht werden und mussten auf dem Appellplatz ausharren. Bis zum frühen Morgen hatte sich die Häftlingszahl auf 1.525 erhöht. Bis Mitternacht erreichten weitere 32 Transporte mit 3.275 Häftlingen das Lager. Die Gefangenen aus Hannover erreichten an diesem Tag als 22. Transport Buchenwald. Etwa 4.000 Häftlinge hielten sich nun im Sonderlager auf. Sie wurden am Abend auf zwei Baracken verteilt. Am 12. November 1938 wurden drei weitere Notbaracken errichtet, allerdings ohne Schlafstellen, so dass alle Gefangenen dicht gedrängt auf dem Erdboden zubringen mussten. Beim Morgenappell am 13. November 1938 um 6.00 Uhr betrug die Gesamtzahl der eingelieferten Juden 8.800. Nach der Ankunft weiterer 1.019 Häftlinge stieg die durchschnittliche Barackenbelegung auf mehr als 2.000 Menschen. Am 14. November 1938 endeten die Einlieferungen mit neun Einzelaufnahmen und einer Gesamtzahl von 9.828 Häftlingen. Am 17. November wurden dann noch einmal zwei und am 8. Dezember noch einmal 15 Verhaftete gebracht, wodurch sich die Zahl auf insgesamt 9.845 erhöhte.[16]

Die Ankunft im KZ Buchenwald war für die Häftlinge ein traumatisches Erlebnis. Nachdem die Züge am Bahnhof von Weimar angekommen waren, erreichten die Gefangenen das Konzentrationslager mit Bussen oder zu Fuß. Viele Erinnerungsberichte beschreiben die unglaubliche Brutalität und die Misshandlungen durch die sie in „Empfang" nehmenden SS-Männer. Immer wieder wird der Weg zum Lager durch den Tunnel im Bahnhof von Weimar erwähnt. Die Häftlinge wurden hier, wie auch am Eingangstor von Buchenwald, durch ein Spalier von SS-Schlägern getrieben, die mit Stöcken und Eisenstangen auf die Männer einprügelten. Hans Samuel aus Hannover berichtet: „Am anderen Morgen wurden wir auf dem Hauptbahnhof verladen und nach Weimar geschickt, dort angekommen wurden wir von der SS empfangen, die uns mit Gewehrkolben in den Bahnhofstunnel stießen. Da ich meinem alten jüdischen Lehrer, der nicht laufen konnte, half, erhielt ich mehrere Kolbenstöße. Nachdem wir 3 Stunden mit dem Kopf zur Wand stehen mussten, wurden wir dann auf Lastautos gebracht nach Buchenwalde. Wir mussten uns vor dem KZ in Reihen zu je 4 aufstellen und durch das Tor gehen, vielmehr laufen. Vor und hinter dem Tor hatten sich SS und Gestapoleute mit Knüppel und Eisenstangen aufgestellt, die uns mit Hieben empfingen."[17]
Bei ihrem Eintreffen im Lager wiesen beinahe alle Gefangenen Spuren von Misshandlungen und zum Teil schwere Verletzungen auf. Horst Berkowitz erinnert sich:
„Mein Kollege Dr. Oppler, ein Mann von etwa 60 Jahren, fiel und brach sich den Arm und hatte viel zu leiden, da ihm geeignete Hilfe von Seiten des Lagers nicht gewährt wurde. Die meisten hatten durch Hiebe auf den Kopf Platzwunden davongetragen, die schrecklich bluteten. Als ich später selbst in den Block gebracht wurde und all die blutigen Gesichter sah, dachte ich unwillkürlich an Dantes Hölle."[18] Terror und Misshandlungen setzten sich in den folgenden Tagen unvermindert fort. Vor allem in den ersten Nächten kam es immer wieder zu schweren Übergriffen durch die SS. Der Österreicher Julius Freund, der seit Ende September 1938 mit den österreichischen „Polizeihäftlingen" in der Sonderzone[19] untergebracht war und hier später Lagerältester wurde, beschreibt die Zustände im Pogromsonderlager in seinen kurz nach der Entlassung 1939 niedergeschriebenen Erinnerungen: „Es gab einige Hunderte Schwerverletzte, auch

Kranke, die zu Hause bereits in häuslicher Pflege waren, Irrsinnige, welche unter Aufsicht standen. Juden durften nicht verbunden werden. [...] Ich habe im Weltkrieg auf manchem Hilfsplatz schon vieles erlebt, aber hier, mitten im Frieden, unter einem Kulturvolk des 20. Jahrhunderts, war der Boden getränkt von Blut und Eiter. Neben Verwundeten lagen bereits Tote; es roch nach Kot, Schweiß und Urin. Irrsinnige hielten Ansprachen gegen Hitler, liefen mit offenen Taschenmessern herum, stiegen über herumliegende Verwundete mit Arm- und Beinbrüchen, Sterbende röchelten. Es war alles durcheinander, es glich einer babylonischen Verwirrung. Es gab kein Wasser, keinen Verband und keine Medikamente. Aufstände von Hungrigen und Durstigen mussten unterdrückt werden. Es war die Hölle auf Erden. Jeder Hilferuf erstickte an der Lagergrenze."[20]

Im November gab es zahlreiche Selbstmorde am elektrischen Zaun, in den Baracken und auch in der Latrine.[21] Andere verloren den Verstand, wurden wahnsinnig angesichts des unvorstellbaren Grauens, der Menschenverachtung und der Brutalität. Völlig unvorbereitet, von einem Tag auf den anderen erlebten die Häftlinge die eigene Rechtlosigkeit, waren sie ihren Feinden hilflos ausgeliefert. Hans Samuel erinnert sich: „Durch Zusehen, dass viele meiner Kameraden durch die SS verkrüppelt und totgeschlagen wurden und andere wieder, die vermutlich durch den Stacheldraht entkommen wollten, elektrisch getötet wurden, und auch einer meiner Freunde wahnsinnig wurde, erhielt ich einen Nervenschock und Stimmbandlähmung."[22] Erst nach zwei Tagen, am frühen Nachmittag des 13. November, gab es das erste Getränk und Stunden später eine warme Mahlzeit.[23] Über die Zustände und den quälenden Durst berichtete Edgar Seligmann seiner Ehefrau nach seiner Entlassung aus dem KZ Buchenwald: „Als mein Mann in das Lager gebracht wurde, schlug man ihm den Hut vom Kopf und weil er nicht schnell genug reagierte, erhielt er weitere Stöße und Schläge. [...] Aus den Baracken hörten sie Schreie der dort zusammengepferchten Menschen. Der Zustand in den Baracken war fürchterlich. Der Gestank so ekelhaft, dass mein Mann sich übergeben musste. [...] In der Baracke befanden sich nur Holzpritschen, die aus einfachen Latten waren, ohne Decken und Auflage. Sitzen konnte man nicht, da die Pritschen zu dicht übereinander gebaut waren. Die Baracken waren unbeheizt, trotz des kalten Novemberwetters. Die Notdurft wurde im Freien verrichtet, in primitivster Weise über eine Stange. [...] Es gab kaum etwas zu essen und nichts zu trinken. Da mein Mann unter heftigen Durst litt, nahm er sich aus einem Abfallhaufen eine verrostete Konservendose und versuchte, das Regenwasser durch eine Dachrinne aufzufangen. Als er einmal hierbei ertappt wurde, gab es Faustschläge und Fußtritte."[24] Auch Hans Block, ehemaliger Rechtsanwalt aus Hannover, beschreibt die verzweifelten Versuche der Häftlinge, an etwas Trinkbares zu gelangen: „Glücklich waren wir, wenn es regnete! Dann rieselte Wasser über unsere Schläfen, und die Glücklichen, die einen Becher hatten – andere nahmen ihren Hut –, konnten sich an die Baracken stellen und die Tropfen der Dachrinne auffangen. Da die Dächer geteert waren, schmeckte das Wasser nach Teer."[25]

Die Angehörigen wussten zunächst nicht, wohin man die Verhafteten gebracht hatte. Oftmals gab ihnen die Gestapo erst nach mehrmaligem Nachfragen Auskunft und teilte gleichzeitig mit, dass ihre Ehemänner, Söhne oder Brüder nur nach Vorlage von Auswanderungspapieren freigelassen würden. Häufig wurde ihnen eine Frist gesetzt, um eine Einreiseerlaubnis für irgendein Land vorzulegen. In einem Schreiben an die Devisenstelle in

Hannover vom 22. November 1938 erläutert der Rechtsanwalt Franz Wolfes die Umstände seiner Auswanderung:
„Am 12. November 1938[26] bin ich im Auftrage der Stapo verhaftet und in das hiesige Polizeigefängnis überführt worden. Meiner Frau, die bei der Stapo wegen meines Verbleibs nachfragte, wurde eine Frist von 32 Stunden gesetzt, innerhalb derer Sie für mich, sich selbst und meine 1½ Jahre alte Tochter eine Einreiseerlaubnis in ein fremdes Land zu erwirken hätte, widrigenfalls ich in Haft bleiben würde. Unter Auferbietung aller Kräfte gelang es meiner Frau, innerhalb der gesetzten Frist die Zusage des British Passport Control Officer in Berlin zu einer Einreise nach England für uns drei zu erlangen. Ich wurde daraufhin aus der Haft entlassen; es wurde mir aber dabei erklärt, dass ich unverzüglich wieder festgesetzt würde, falls ich mit Frau und Kind nicht so rasch als möglich das Land verließe. Es handelt sich daher in meinem Falle nicht um eine regelrechte Auswanderung, welche als solche ruhig abgewickelt werden könnte, sondern um ein überstürztes Verlassen des Landes."[27]

Thea Seligmann, selbst nicht jüdisch, schildert ähnliche Erfahrungen. Sie sei jeden Tag bei der Gestapo in der Schlägerstraße gewesen und habe um die Freilassung ihres Mannes gebeten. Ein Beamter gab ihr zu verstehen, dass nur die entlassen würden, die schon vor der Verhaftung Auswanderungspapiere eingereicht hätten. Durch die Vermittlung einflussreicher Freunde gelang es ihr binnen weniger Tage, für ihren Mann eine Einreiseerlaubnis in die Schweiz zu erhalten. Weiter berichtet sie: „Zunächst verlangte man von mir, dass ich mich von meinem Mann scheiden ließ. Dann erhielt ich endlich die Generalvollmacht von meinem Mann [...]. Ich musste unterschreiben, dass bei Ausreise meines Mannes ¼ seines Vermögens[28] bezahlt würde, erst dann könnten sie ihn entlassen."[29]

Die Entlassung der Häftlinge aus dem Konzentrationslager Buchenwald vollzog sich in mehreren Wellen. Bereits am 14. November 1938 verfügte Heydrich in einer Anordnung an alle Stapo(leit)stellen die Entlassung all derer, die bereits im Besitz der erforderlichen Ausreisepapiere waren und innerhalb der nächsten drei Wochen auswandern könnten. Am 16. November 1938 erfolgten weitere Anweisungen, nach denen Häftlinge, die älter als 60 Jahre, krank oder körperlich behindert waren, sofort zu entlassen seien. Wegen der Überfüllung der Lager sollten diese Anordnungen großzügig gehandhabt werden. Des Weiteren sollten Teilhaber oder Besitzer von Firmen, die für schon laufende Arisierungsverhandlungen oder zu deren Einleitung benötigt würden, ebenfalls sofort nach Hause zurückkehren. Am 28. November 1938 wurde die Entlassung aller „Frontkämpfer", am 12. Dezember 1938 aller über 50-jährigen und erst am 21. Januar 1939 aller unter 18-jährigen angeordnet. Wesentlich blieb jedoch die Zusage und Verpflichtung des Häftlings, unverzüglich das Land zu verlassen. Die Kommandanten der Konzentrationslager konnten und sollten aufgrund der erlassenen Anordnungen von sich aus Entlassungsanträge an die zuständigen Stapostellen stellen. Die Stapostellen waren befugt diese ohne Einschaltung des Geheimen Staatspolizeiamtes in Berlin zu genehmigen oder ebenfalls Anträge direkt an die Kommandanten der Konzentrationslager zu richten – es sei denn, es wurde zwischenzeitlich vom Staatspolizeiamt ein Schutzhaftbefehl erlassen. Stapostellen und Kommandanten wurden von Heydrich gemahnt, zum einen den Anträgen der Kommandanten sofort stattzugeben und zum anderen den Entlassungsanordnungen der Stapo(leit)stellen umgehend zu entsprechen.[30] Trotzdem vergingen zwischen der von der Gestapo angeordneten Entlassung und der Freilassung oft mehrere Tage, manchmal auch Wochen. Zeigte der Häftling zum Beispiel am Tag der Entlassung noch deutliche Spuren von Misshandlungen, konnte es sein, dass der Betroffene erst nach Hause zurückkehren durfte, wenn die Wunden abgeheilt waren.[31] Für Häftlinge, die entgegen den Anweisungen nicht entlassen wurden, musste unter Angabe der Gründe beim Geheimen Staatspolizeiamt der Erlass eines Schutzhaftbefehls beantragt werden.[32] Bevor die Häftlinge entlassen wurden, mussten sie mehrere Erklärungen unterschreiben. Unter anderem, dass ihnen im Konzentrationslager Buchenwald kein Geld, keine Wertsachen und keine Effekten abgenommen worden waren. Der Zweck solcher Erklärungen bestand darin, die Ausplünderung der Häftlinge durch Angehörige der SS zu verschleiern. So mussten sie ihre mitgebrachten Effekten zwar abgeben, registriert wurden diese allerdings nicht.[33] Abschließend wurden die Häftlinge unter Androhung einer erneuten Haft zum Schweigen über das Erlebte und zur sofortigen Auswanderung verpflichtet. Nach der Entlassung hatte sich jeder Häftling sofort bei der zuständigen Stapo(leit)stelle zu melden.

Bis Mitte Dezember 1938 verließen täglich durchschnittlich 250 Gefangene Buchenwald. Trotzdem waren am 1. Januar 1939 noch 1.605 Juden inhaftiert. Als das Pogromsonderlager Mitte Februar zu Beginn einer Typhusepidemie abgerissen wurde, kamen die noch verbliebenen „Aktionsjuden" in das große Lager. Laut einer Stärkemeldung vom 19. April 1939 befanden sich zu diesem Zeitpunkt noch immer 28 „Aktionsjuden" in Buchenwald.[34]
Die Lagerstatistik wies in Buchenwald 255 Todesfälle im Sonderlager aus. Allein 227

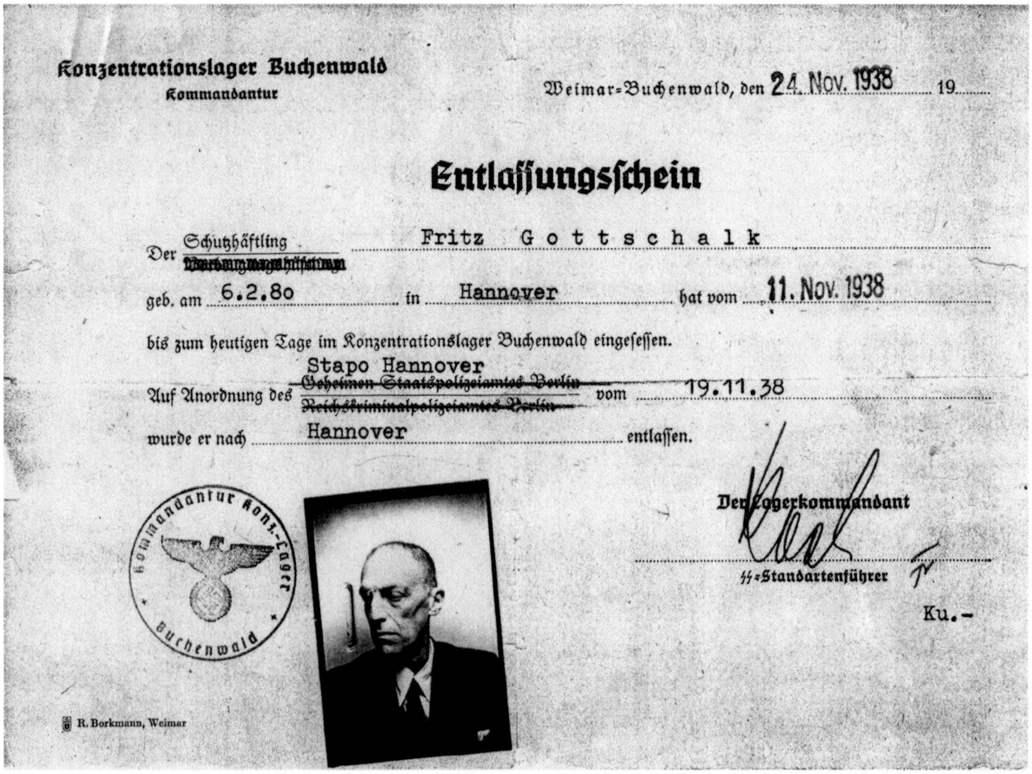
Konzentrationslager Buchenwald
Kommandantur

Weimar-Buchenwald, den 24. Nov. 1938 19

Entlassungsschein

Der Schutzhäftling ~~Vorbeugungshäftling~~ Fritz Gottschalk

geb. am 6.2.80 in Hannover hat vom 11. Nov. 1938

bis zum heutigen Tage im Konzentrationslager Buchenwald eingesessen.

Auf Anordnung des Stapo Hannover ~~Geheimen Staatspolizeiamtes Berlin~~ ~~Reichskriminalpolizeiamtes Berlin~~ vom 19.11.38

wurde er nach Hannover entlassen.

Der Lagerkommandant

SS-Standartenführer

Ku.-

Kommandantur Konz.-Lager Buchenwald

R. Borkmann, Weimar

Entlassungsschein des Konzentrationslagers Buchenwald für Fritz Gottschalk, ausgestellt am 24. November 1938.

Menschen starben in den ersten sechs Wochen.[35] Alle jüdischen Männer, die während der Pogromnacht in Hannover verhaftet wurden, überlebten die Haft und kehrten nach Hause zurück. Allerdings starben innerhalb der auf die Haft folgenden sechs Monate mindestens fünf der ehemaligen Häftlinge, wobei in zwei Fällen deren Tod als Folge der Inhaftierung nachgewiesen werden konnte.[36]

Die Folgen

Die Geschehnisse in der Pogromnacht und die anschließende Inhaftierung veränderte das Leben der Betroffenen und ihrer Familien schlagartig. Die Auswirkungen waren verheerend und bedeuteten für viele Familien den wirtschaftlichen Ruin. Im Laufe des Novembers und Dezembers 1938 trat eine Reihe von Gesetzen und Verordnungen in Kraft, die darauf abzielte, die jüdische Bevölkerung wirtschaftlich, sozial und kulturell zu entrechten und zu isolieren. Bereits 1933 begannen die Nationalsozialisten mit Gesetzen, judenfeindlicher Propaganda und Boykotten die Juden aus Wirtschaft und Gesellschaft zu verbannen. Insbesondere seit dem Frühjahr 1938 wurde eine Flut von Gesetzen in Kraft gesetzt, die darauf abzielten die wirtschaftliche Vernichtung voranzutreiben. Im April 1938 wurde die Anmeldepflicht für jüdische Vermögen verordnet. Jeder Jude oder sein nichtjüdischer Ehegatte musste Vermögen über 5. 000 Reichsmark im In- und Ausland anmelden. Am 14. Juni 1938 erfolgte die Kennzeichnung und Registrierung jüdischer Fabriken und Betriebe. Durch Änderung der Gewerbeordnung im Juli 1938 wurde den Juden die Ausübung des Bewachungsgewerbes, der Auskunftei, des Grundstückhandels und der Immobilienvermittlung, der Haus- und Grundstücksverwaltung, der Heiratsvermittlung und des Fremdenführers sowie diverser Wandergewerbe (Vertreter, Hausierer, Viehhändler, Schausteller, Marktfahrer) verboten. Ebenfalls im Juli entzog man allen jüdischen Ärzten die Approbation und erlaubte ihnen nur noch die Behandlung jüdischer Patienten unter der abwertenden Berufsbezeichnung Krankenbehandler. Durch den Entzug der Gerichtszulassung für jüdische Rechtanwälte im September 1938, durften diese ab diesem Zeitpunkt ebenfalls nur noch für die jüdische Bevölkerung als so genannte Rechtskonsulenten beratend tätig sein. Im Oktober wurden die Reisepässe der jüdischen Bevölkerung mit einem großen „J" versehen, um deren Inhaber als Juden kenntlich zu machen. Zusätzlich wurden Juden ab Jahresbeginn 1939 verpflichtet, die Zusatzvornamen „Sara" und „Israel" zu führen.[37]

Zwei Tage nach dem Pogrom fand am 12. November 1938 im Reichsluftfahrtministerium unter dem Vorsitz von Hermann Göring eine Sitzung statt. An der Konferenz nahmen Verantwortliche aus den Bereichen Polizei, Justiz und Finanzwesen teil. „Die Gegenwart dieser Minister zeigt ebenso wie die Präsenz eines Vertreters der deutschen Versicherungswirtschaft an, dass es neben der weiteren Entrechtung der Juden vor allem um ihre wirtschaftliche und finanzielle Ausplünderung gehen sollte; dass Heydrich zugegen war, wies darauf hin dass auch die Frage der jüdischen Auswanderung behandelt werden würde."[38]. Noch am gleichen Tag ergingen die ersten Verordnungen, „die auf den Terror des Pogroms die weitere Entrechtung und Ausplünderung der deutschen Juden folgen ließen."[39] So wurde den Juden deutscher Staatsangehörigkeit per „Verordnung über eine Sühneleistung der Juden deutscher Staatsangehörigkeit" die Zahlung einer Kontribution von einer Milliarde Reichsmark an das Deutsche Reich auferlegt. Damit sollte „die feindliche Haltung des Judentums gegenüber dem deutschen Volk und Reich, die auch vor feigen Mordtaten nicht zurückschreckt" gesühnt werden. Eine weitere „Verordnung zur Wiederherstellung des Straßenbildes bei jüdischen Gewerbebetrieben" verlangte von den Juden die sofortige Beseitigung aller Schäden, die an jüdischen Gewerbebetrieben und Wohnungen durch den Pogrom entstanden waren.[40] Die entscheidende Maßnahme war jedoch die am 12. November 1938 ergangene „Verordnung zur Ausschaltung der Juden aus dem deutschen Wirtschaftsleben". Sie untersagte Juden, ab dem 1. Januar 1939 ein Geschäft oder einen Gewerbebetrieb selbstständig zu betreiben und verbot ihnen auch, als Betriebsführer oder als leitende Angestellte in einem Wirtschaftsunternehmen tätig zu sein. Wer eine solche Stellung noch innehatte, verlor mit der Kündigung alle Ansprüche auf Versorgung und Abfindung. Mit der Verordnung über den Einsatz des jüdischen Vermögens wurde die Zwangsveräußerung von Gewerbebetrieben, Grundeigentum, Wertpapieren, Juwelen, Schmuck und Kunstgegenständen festgelegt. Jüdische Gewerbebetriebe mussten binnen einer bestimmten Frist entweder verkauft oder liquidiert werden.[41] Neben der Ausschaltung der jüdischen Bevölkerung im wirtschaftlichen Bereich wurde ihre Ausgrenzung auf gesellschaftlicher und kultureller Ebene weiter vorangetrieben. So erließ der Präsident der Reichskulturkammer am 12. November 1938 die Anordnung, Juden den Zutritt zu Theatern, Kinos und Konzerten sowie Ausstellungen zu verwehren. In einer Polizeiverordnung über das Auftreten der Juden in der Öffentlichkeit vom 28. November wurde den Landesbehörden die Möglichkeit gegeben, Juden den Zutritt zu bestimmten Stadtteilen oder Regionen zu verbieten und sie zu bestimmten Zeiten mit einem Ausgehverbot zu belegen.[42] Der Reichsführer SS und Chef der deutschen Polizei, Heinrich Himmler, ließ am 3. Dezember 1938 Führerscheine und Kraftfahrzeugzulassungsbescheinigungen von Juden für ungültig erklären und ordnete ihre Ablieferung an.[43] Juden wurde der Besuch von kulturellen Veranstaltungen verboten, wie ihnen auch das Aufsuchen von Ausstellungshallen, Sportplätzen, Badeanstalten und Freibädern mit Wirkung vom 6. Dezember 1938 untersagt wurde.[44] Sie durften keine Universitäten besuchen, Hebammen enthielten keine Zulassungsgenehmigungen mehr, und die Approbation jüdischer Zahnärzte, Tierärzte und Apotheker verloren am 31. Januar 1939 ihre Gültigkeit.[45] In der „Dritten Verordnung zur Verordnung über die Anmeldung des Vermögens von Juden" vom 21. Februar 1939 wurde die jüdische Bevölkerung schließlich verpflichtet, binnen zwei Wochen alle Gegenstände aus Gold, Platin und Silber sowie Edelsteine und Perlen bei den öffentlichen Ankaufstellen abzuliefern.[46]

Die Ereignisse während des Novemberpogroms, die Verhaftungen und die Verschleppung in die Konzentrationslager verursachten in der jüdischen Bevölkerung einen schweren Schock. Viele Häftlinge kehrten krank, geschwächt und psychisch gebrochen aus den Lagern zurück. Die grauenhaften Erlebnisse und Bilder der Haft, die Erfahrung des Ausgeliefertseins, der Verlust jeglicher Hoffnung und Lebensperspektive in ihrem bisherigen Heimatland blieben für sie ein lebenslanges Trauma. 1956 beschreibt Thea Seligmann im Entschädigungsverfahren die verzweifelte Verfassung ihres Ehemannes in den Monaten nach der Haft bis zu seinem Tod im Mai 1939: „Nachdem ich meinem Mann 100,- Mark Fahrgeld telegraphisch nach Buchenwald schicken musste, kam er am 24. November abends in Hannover an. Ich war zu Tode erschrocken wie gebrochen er an Leib und Seele war. [...] Es ist mir kaum möglich, seinen Zustand zu beschreiben. Ich kann nur sagen, dass er vollständig gebrochen war. Mit seinen 53 Jahren war er ein alter Mann geworden und musste am Stock gehen. Auf meine Frage nach seinen Erlebnissen reagierte er mit einer fast panischen Angst. Er sagte mir, dass ihm streng verboten worden sei, über das, was er gesehen habe, zu sprechen. [...] Am 28. November 1938 fuhr mein Mann mit dem Nachtzug in die Schweiz. [...] Als ich meinen Mann wieder sah, waren zwar seine Haare gewachsen, aber schneeweiß geworden. Er war sehr krank und ein Greis geworden. Jetzt machte mein Mann mir Andeutungen über Buchenwald. [...] Von diesen Quälereien hat mein Mann sich nie wieder erholt. An ihm nagte die ständige Angst vor weiteren Verfolgungen auch in der Schweiz; vor Spitzeln; vor einem deutschen Angriff auf die Schweiz, der ihn wieder in die Hände seiner Peiniger bringen könnte und vor allem die Angst um seine Familie."[47]

Für einen großen Teil der jüdischen Familien kam bis zum Novemberpogrom sowohl aus einem Gefühl der Heimatverbundenheit als auch aus wirtschaftlichen Gründen eine Auswanderung nicht in Frage. So schreibt zum Beispiel Rudolf Herzberg am 11. Januar 1938 der Devisenstelle:
„Ich bin im 57. Lebensjahre, besaß ein Großhandelsgeschäft, das nur Binnenhandel betrieb, habe also keine ausländischen Geschäftsbeziehungen. Außer der deutschen Sprache beherrsche ich keine Fremdsprache fließend in Wort und Schrift, da ich noch nie im Ausland gelebt habe. Meine Frau ist 51 Jahre alt und körperlich nicht zur Auswanderung geeignet. Der noch im Elternhaus lebende Sohn ist 16 Jahre alt und besucht eine hiesige Schule, nach deren Verlassen er eine mehrjährige Lehre in Deutschland als Optiker antreten soll. Von meinem Vermögen würde im Falle der Auswanderung nur ein sehr geringer Betrag verbleiben. Aus allen diesen praktischen und noch anderen gefühlsmäßigen Gründen werde ich nicht auswandern."[48] Erst mit der Pogromnacht realisierten viele Juden die lebensbedrohliche Lage. Mit Angst und Schrecken, mit Bestürzung und Verzweiflung reagierten sie auf die Zerstörungen der Synagogen, Wohnungen und Geschäfte und auf die Massenverhaftungen und Verschleppungen in die Konzentrationslager. Der Pogrom und die Verhaftungen markierten einen Wendepunkt – es gab keine Hoffnung auf Besserung mehr. Der Entschluss, Deutschland zu verlassen, basierte nun nicht mehr auf einer wohlüberlegten Entscheidung, „bei der man die Erwartungen hinsichtlich der Entwicklung in Deutschland gegen die Risiken einer Auswanderung abwog. Es gab keine Alternative, auch wenn die Aussichten, im Zufluchtsland auch nur den eigenen Lebensunterhalt zu verdienen, gering waren und sich zunehmend verschlechterten."[49] Das spürte auch Rudolf Herzberg, als er am 24. November 1938 aus dem Konzentrationslager Buchenwald nach Hannover zurückkehrte. Anfang Dezember begann er, für sich und seine Familie die Auswanderung in die USA vorzubereiten. Nachdem er von seinem Konto 1.560 RM als Anzahlung für eine Schiffspassage bei der United States Lines überwiesen hatte, erhielt er vom amerikanischen Konsulat die Wartenummer 13044/46. Seine Bemühungen um eine rasche Auswanderung waren allerdings nicht von Erfolg gekrönt. Erst zwei Monate vor dem Auswanderungsverbot im Oktober 1941 konnten Lilly und Rudolf Herzberg am 26. August 1941 mit dem Schiff „Nyassa" ab Lissabon nach Kuba ausreisen.[50]

Zahlreiche Bestimmungen und Abgaben führten dazu, dass die „legale" Auswanderung nicht nur ein äußerst aufwendiges Unterfangen war, sondern für viele Betroffene den finanziellen Ruin bedeutete. Neben Abgaben und Gebühren, wie Reichsfluchtsteuer, Judenvermögensabgabe („Sühneleistung"), Auswandererabgabe, Gebühren für die Mitnahme von Umzugsgut, welche die Auswanderer entweder an das Reich oder an die Reichsvereinigung der Juden in Deutschland zu zahlen hatten, entstanden Kosten für die Organisation der Ausreise, wie Reisekosten im Inland, Visa-Gebühren, Transportkosten für Umzugsgut und Tickets für die Schiffspassage. Häufig kam es vor, dass die Flüchtlinge hohe Beträge zahlen mussten, um in den Besitz einer lebensrettenden Einreisegenehmigung zu gelangen. Hans Altschul, Inhaber einer Firma für Beleuchtungskörper und elektrische Installationen in Hannover, wurde am 10. November 1938 in seiner Wohnung in der Alten Celler Heerstraße verhaftet[51] und am nächsten Tag in das Konzentrationslager Buchenwald gebracht. Bereits vier Tage später wurde er wieder entlassen, da er eine Vorladung für das Konsulat der Republik Uruguay in Hamburg vorweisen konnte. „Nach meiner Entlassung aus Buchenwald bemühte ich mich unter dem Druck der Gestapo, die mich wiederholt vorlud, um eine Auswanderungsmöglichkeit für meine Familie und mich selbst. Die geplante Auswanderung nach Uruguay kam leider nicht zustande, da die dortige Regierung die Einwanderung sperrte. Um die Visa zu bekommen, hatte ich bereits sehr erhebliche „Spesen" gehabt [...] ich schätze sie auf mindestens RM 2000."[52] Nach vielen vergeblichen Bemühungen, ein Aufnahmeland zu finden, schiffte Hans Altschul mit seiner Familie am 13. Mai 1939 in Hamburg auf der St. Louis nach Kuba ein. Die Einreise nach Kuba wurde den Passagieren jedoch verweigert, nachdem die Landungspermits zuvor für ungültig erklärt worden waren. Trotz langer Verhandlungen gelang es nicht, die kubanischen Behörden umzustimmen, und auch die USA erlaubten keine Einreise. Das Schiff blieb zunächst im Hafen und kreuzte später ziellos im Atlantik. Schließlich durften die bedrohten Passagiere in Antwerpen an Land gehen. Etwa ein Viertel der Flüchtlinge konnte nach England weiterreisen. Die anderen Flüchtlinge wurden auf Belgien, Frankreich und Holland verteilt. Hans Altschul blieb mit seiner Familie zunächst in Belgien, konnte aber im August 1939 nach England ausreisen.[53] Das rettete ihm vermutlich das Leben, da mit der Besetzung Belgiens, der Niederlande und Frankreichs durch deutsche Truppen die übrigen Passagiere der St. Louis verhaftet und deportiert wurden.

Von den 181 in Hannover verhafteten Juden gelang es etwa der Hälfte bis zum Verbot der Auswanderung am 23. Oktober 1941 auf „legalem" oder „illegalem" Wege Deutschland zu verlassen. Zahlreiche Familien wurden dabei auseinander gerissen. Das europäische Ausland war das bevorzugte Ziel der Auswanderer. England, Holland, Luxemburg und Belgien galten häufig nur als Zwischenstation auf dem Weg nach Nord- und Südamerika oder Südafrika. Mit Ausbruch des Zweiten Weltkriegs wurden die Schiffspassagen nach Übersee zunehmend eingeschränkt. Für viele Flüchtlinge, die auf ihre Weiterreise warteten, hatte das katastrophale Folgen. Nach der deutschen Besetzung der Niederlande und Belgiens im Mai 1940 sahen sich die Flüchtlinge nun erneut der Bedrohung und Verfolgung durch die Nationalsozialisten ausgesetzt. Fritz Stern, Rechtsanwalt aus Hannover, wurde am 10. November 1938 verhaftet und in das Konzentrationslager Buchenwald verschleppt. Nach etwa acht Tagen Haft kehrte er nach Hannover zurück und emigrierte am 8. Februar 1939 mit seiner Ehefrau Dorothea und den beiden Kindern nach Amsterdam. Für März 1939 waren sie auf dem Dampfer „Pretoria" nach Südafrika gebucht, nahmen die Passage jedoch aus unbekannten Gründen nicht in Anspruch. Ab Mai 1940 spürte die Familie auch in Holland den Verfolgungsdruck, dem sie durch die Emigration aus Deutschland hatte entfliehen wollen. Im Juli 1942 wurde zunächst die 17-jährige Tochter von der Gestapo aus der elterlichen Wohnung abgeholt. Etwa vier Wochen später wurde die restliche Familie in das Lager Westerbork gebracht und von dort im Januar 1944 in das Konzentrationslager Bergen-Belsen deportiert. Als einzige der Familie überlebte die Ehefrau von Fritz Stern die nationalsozialistische Verfolgung. Er selbst und sein Sohn starben 1945 in Bergen-Belsen – die Tochter kam vermutlich in Auschwitz ums Leben.[54]

Mit Ausbruch des Zweiten Weltkriegs sanken die Auswanderungsmöglichkeiten auf ein Minimum. Die kriegführenden Länder wiesen die meisten Einwanderer ab. Die wenigen Möglichkeiten, die noch offen standen, konnten oftmals wegen Transportschwierigkeiten und Devisenmangel nicht genutzt werden. Diese Beschränkungen spiegeln sich in den Auswanderungszahlen der ehemaligen Häftlinge wider. Konnten im Jahr 1939 noch 62 der jüdischen Männer aus Hannover nachweislich ausreisen, waren es 1940 und 1941 nur noch wenige, denen es gelang Deutschland zu verlassen.[55] Ihre Ziele waren die USA, Kuba, Panama, die Türkei und Bolivien. Am 23. Oktober 1941 verboten die NS-Behörden die Auswanderung endgültig. Trotz umfangreicher Bemühungen gelang es einem Teil der ehemaligen Häftlinge nicht, Deutschland bis zu diesem Zeitpunkt zu verlassen. Dem Emigrationsdruck durch den NS-Staat standen viele Juden oft hilflos gegenüber. Sie sahen sich außerstande der Forderung des NS-Staates nachzukommen. Immer schärfere Einwanderungsbeschränkungen des Auslands, aufwendige Formalitäten sowie die eigene oftmals katastrophale Vermögenslage zwangen sie im Land zu bleiben. Zudem nahmen mit zunehmendem Alter die Bereitschaft und Fähigkeit ab, sich aus der vertrauten Umgebung zu lösen. Alte, Gebrechliche und Kranke besaßen außerdem kaum eine Chance, die Aufnahmebedingungen der Zufluchtsländer zu erfüllen. Etwas mehr als die Hälfte der zurückgebliebenen ehemaligen Häftlinge war über 50

Empfangsgebäude des Bahnhofs Fischerhof, um 1920.
Es ist nicht bekannt, dass sich das Aussehen der Örtlichkeit bis 1941 verändert hätte.

Jahre alt – davon wiederum die Hälfte über sechzig. Ab November 1941 wurde schließlich auf Weisung des Reichssicherheitshauptamtes die Deportation der jüdischen Bevölkerung in den Osten vorbereitet. Davon waren auch 40 der ehemaligen Häftlinge betroffen, denen es nicht mehr gelungen war bis zum Verbot der Auswanderung Deutschland zu verlassen. Am 15. Dezember 1941 wurden vom Lindener Bahnhof Fischerhof aus 1.001 jüdische Männer, Frauen und Kinder nach Riga deportiert, darunter 36 der ehemaligen Häftlinge mit ihren Familien. Vier weitere gelangten mit den folgenden Transporten von Hannover aus nach Auschwitz und Theresienstadt. Insgesamt haben nur drei von ihnen überlebt.

[1] Harry Stein, Das Sonderlager im Konzentrationslager Buchenwald nach den Pogromen 1938, in: Monica Kingreen, „Nach der Kristallnacht". Jüdisches Leben und antijüdische Politik in Frankfurt am Main 1938-1945, Frankfurt/New York 1999, S. 25.
Vgl. auch Wolf-Arno Kropat, „Reichskristallnacht". Der Judenpogrom vom 7. bis zum 10. November 1938 – Urheber, Täter, Hintergründe, Wiesbaden 1997, S. 138.

[2] NLA-HStAH Hann. 87 Nr. 258, Titel: „Akten des Polizeipräsidenten betr. Aktion gegen die Juden in der Nacht vom 09. zum 10. November 1938".

[3] Wertvolle Hinweise lieferten vor allem die Einzelfallakten des Oberfinanzpräsidenten (OFP) Hannover und die Akten der Entschädigungsbehörde in Hannover. Die Akten des OFP gehören zu zwei dieser Behörde untergeordneten Dienststellen: der bereits 1931 eingerichteten Devisenstelle und der im Dezember 1941 neu gebildeten Dienststelle für die Einziehung von Vermögenswerten (ab Juli 1942 Vermögensverwertungsstelle). Die ursprüngliche Aufgabe der Devisenstelle bestand in der Durchführung der ab August 1931 einsetzenden Devisenbewirtschaftung und der Überwachung der entsprechenden Devisenvorschriften für Juden und Nichtjuden. Im Laufe der Jahre veränderte sich die Aufgabenstellung hin zu einer generellen Aufsicht über jüdisches Vermögen, die auch die Kontrolle und Verwaltung dieser Werte im Zuge der Auswanderung umfasste. Die Akten des Oberfinanzpräsidenten Hannover befinden sich im Niedersächsischen Landesarchiv-Hauptstaatsarchiv Hannover im Bestand „Hann. 210".
Die Entschädigungsbehörden wurden nach 1945 gegründet. Sie entstanden aus der Verpflichtung der Bundesrepublik Deutschland, diejenigen Personen, die aus rassischen, politischen oder religiösen Gründen verfolgt worden waren, finanziell zu entschädigen. Die daraus entstandenen Einzelfallakten der Entschädigungsbehörde Hannover befinden sich ebenfalls im Niedersächsischen Hauptstaatsarchiv Hannover im Bestand „Nds. 110 W".

[4] Wolf-Arno Kropat, „Reichskristallnacht", S. 76.

[5] Das Gelände und die Gebäude der ehemaligen Kriegsschule waren seit 1919 der Polizeidirektion zugeschlagen worden. Die Turnhalle diente als zusätzliches Gefängnis, nachdem das Polizeigefängnis wegen Überfüllung keine Häftlinge mehr aufnehmen konnte.

[6] Historisches Museum am Hohen Ufer (Hrsg.), „Reichskristallnacht" Hannover. Eine Ausstellung zur 40. Wiederkehr des 9. November 1938, Hannover 1978, S. 126.

[7] Heute Ludwig-Barnay-Straße.

[8] Aussage Thea Seligmann im Entschädigungsverfahren 1958 NLA-HStAH Nds. 110 W Acc. 14/99 Nr. 113309 (Seligmann, Thea n. Seligmann, Edgar) Lt.-Nr. 110293.

[9] Aussage des Sohnes im Entschädigungsverfahren NLA-HStAH Nds. 110 W Acc. 84/90 Nr. 511/3 (Cohn, Edith n. Buchholz, Julius).

[10] Zeugenaussage von 1947 in einem Strafverfahren gegen den hannoverschen Kaufmann August G.: NLA-HStAH Nds. 721 Hannover Acc 61/81 Nr. 19/1.

[11] Zeugenaussage Ernst Mosheim von 1950 in einem Strafverfahren gegen den hannoverschen Kaufmann August G.: NLA-HStAH Nds. 721 Hannover Acc 61/81 Nr. 19/1.

[12] Nachweis über die vermutlich reichsfluchtsteuerpflichtigen Juden, März 1938: NLA-HStAH, Hann. 210 Acc. 42/84 Nr. 1.

[13] NLA-HStAH Nds. 721 Hannover Acc. 61/81 Nr. 15/1.

[14] Nicht alle der verhafteten Männer wurden in das Konzentrationslager Buchenwald gebracht – von acht Häftlingen ist bisher bekannt, dass sie im Polizeigefängnis inhaftiert blieben. Für 71 der 180 verhafteten Männer ließ sich bisher nicht feststellen, ob sie nach Buchenwald .... transportiert wurden oder in Hannover in Haft blieben.

[15] Die Herkunft dieser Männer lässt sich bis jetzt nicht genau bestimmen. Fest steht, dass ein Teil der Häftlinge aus dem Regierungsbezirk (Stadt) Hildesheim stammte; ihre Zahl ist jedoch unbekannt. Anhand des Zugangsbuches des Pogromsonderlagers in Buchenwald konnten bisher 13 Häftlinge aus Hildesheim nachgewiesen werden. Vgl. Christiane Marx, Hans-Dieter Schmid, Die SS inszeniert spontanen Volkszorn. Die „Reichskristallnacht" in Hildesheim, in: Hans-Dieter Schmid (Hrsg.), Hildesheim im Nationalsozialismus. Aspekte der Stadtgeschichte, Hildesheim 2002, S. 71-76, hier: S. 75.

[16] Stein, Das Sonderlager im Konzentrationslager Buchenwald nach den Pogromen 1938, S. 27-30.

[17] Aussage Hans Samuel im Entschädigungsverfahren 1954 NLA-HStAH Nds. 110 W Acc. 14/99 Nr. 105363 (Samuel, Hans).

[18] Ulrich Beer, Versehrt – verfolgt – versöhnt: Horst Berkowitz ein jüdisches Anwaltsleben, Essen 1979, S. 59 f.

[19] Seit Anfang Oktober 1938 stand neben dem Appellplatz eine Notbaracke zur vorläufigen Unterbringung von mehr als 400 Häftlingen aus Wiener Polizeigefängnissen. Diese bis auf eine Gruppe von etwa 120 Wiener Juden geräumte Notbaracke nahm die ersten Transporte auf.

[20] Stein, Das Sonderlager im Konzentrationslager Buchenwald nach den Pogromen 1938, S. 26; 37-38.

[21] Harry Stein, Juden in Buchenwald. 1937-1942, Weimar 1992, S. 46.

[22] Aussage Hans Samuel im Entschädigungsverfahren 1954 NLA-HStAH Nds. 110 W Acc. 14/99 Nr. 105363 (Samuel, Hans).

[23] Stein, Das Sonderlager im Konzentrationslager Buchenwald nach den Pogromen 1938, S. 41.

[24] Aussage Thea Seligmann im Entschädigungsverfahren 1958 NLA-HStAH Nds. 110 W Acc. 14/99 Nr. 113309 (Seligmann, Thea n. Seligmann, Edgar) Lt.-Nr. 110293.

[25] Rita Thalmann, Emmanuel Feinermann, Die Kristallnacht, Frankfurt/Main 1987, S. 178.

[26] Laut der Einlieferungsliste des Polizeigefängnisses wurde Franz Wolfes am 10. November 1938 verhaftet.
Siehe NLA-HStAH Hann. 87 Nr. 258.

[27] NLA-HStAH Hann 210 Acc. 2004/025 Nr. 849.
Im Falle einer Auswanderung gab es strenge Bestimmungen bezüglich des Umzugsgutes. Jeder Auswanderungswillige musste eine detaillierte Liste mit den Gegenständen, die er mitnehmen wollte, bei der Devisenstelle einreichen. Die seit 1933 neu angeschafften Gegenstände konnte der Auswanderer nur mitnehmen, wenn er nachweisen konnte, dass es sich dabei um Ersatzanschaffungen handelte und nicht um Dinge, die im Hinblick auf eine Auswanderung gekauft worden waren. Ansonsten musste ein festgelegter Betrag an die Deutsche Golddiskontbank in Berlin gezahlt werden. Mit seinem Schreiben an die Devisenstelle wollte Franz Wolfes der Behörde unter anderem deutlich machen, dass es sich bei ihm zum größten Teil nicht um Sachen handelt, die im Hinblick auf eine Auswanderung erworben wurden, da eine Emigration bis zum November 1938 nicht vorgesehen war.

[28] Wahrscheinlich handelt es sich hierbei um die „Judenvermögensabgabe".

[29] Aussage Thea Seligmann im Entschädigungsverfahren 1958 NLA-HStAH Nds. 110 W Acc. 14/99 Nr. 113309 (Seligmann, Thea n. Seligmann, Edgar) Lt.-Nr. 110293.

[30] Kurt Pätzold, Irene Runge, Pogromnacht 1938, Berlin 1988.

[31] Das konnte unter Umständen eine Verzögerung bis zu vier Wochen bedeuten, wie im Fall Erich Meinrath aus Neustadt/Rbg. Hermann Birkenruth berichtet 1958 im Entschädigungsverfahren für Erich Meinrath: „Wir sind dann auch am anderen morgen zusammen nach KZ Buchenwald transportiert und waren dort 7 Wochen zusammen und sollten aber zusammen entlassen werden, jedoch Herr Erich Meinrath wurde vom Arzt nicht entlassen, da seine Wunden noch nicht geheilt waren, und soweit ich mich entsinne, wurde er 4 Wochen später entlassen", Nds. 110 W Acc. 14/99 Nr. 127011 (Meinrath, Heinz).

[32] Harry Stein schreibt, dass die Gestapostellen diesen Anordnungen Heydrichs, alle zu entlassen, die älter als 60 Jahre, krank oder körperlich behindert waren, nur bedingt nachkamen und den Weg der besonderen Beantragung gingen. Vgl. Stein, Das Sonderlager im Konzentrationslager Buchenwald nach den Pogromen 1938, S. 26.

[33] ebd., S. 38-39.

[34] David A. Hackett (Hrsg.), Der Buchenwald-Report. Bericht über das Konzentrationslager Buchenwald bei Weimar, München 1996, S. 287. Stein, Juden in Buchenwald, S. 70.

[35] Stein, Das Sonderlager im Konzentrationslager Buchenwald nach den Pogromen 1938, S. 46.

[36] Entschädigungsverfahren für Hermann Blumenthal und Edgar Seligmann, NLA-HStAH Nds. 110 W Acc. 14/99 Nr. 130817 (n. Blumenthal, Hermann) Lt.-Nr. 108478; NLA-HStAH Nds. 110 W Acc. 14/99 Nr. 113309 (Seligmann, Thea n. Seligmann, Edgar) Lt.-Nr. 110293.

[37] Jonny Moser, Die Entrechtung der Juden im Dritten Reich. Diskriminierung und Terror durch Gesetze, Verordnungen und Erlasse in: Walter Pehle (Hrsg.), Der Judenpogrom 1938 . Von der „Reichskristallnacht" zum Völkermord, Frankfurt/Main 1988, S. 120.

[38] Kropat, „Reichskristallnacht", S. 127.

[39] Ebd., S. 135.

[40] Ebd., S. 135.

[41] Vgl. Walk, Das Sonderrecht für die Juden im NS-Staat, S. 254; 262, und H.G. Adler, Der verwaltete Mensch. Studien zur Deportation der Juden . aus Deutschland, Tübingen 1974, S. 495.

[42] Walk, Das Sonderrecht für die Juden im NS-Staat, S. 255.

[43] Ebd., S. 262.

[44] Ebd., S. 262.

[45] Ebd., S. 270; 275.

[46] Vgl. Walk, Das Sonderrecht für die Juden im NS-Staat, S. 283.

[47] Nds. 110 W Acc. 14/99 Nr. 113309 (Seligmann, Thea n. Seligmann, Edgar) Lt.-Nr. 110293.

[48] NLA-HStAH Hann. 210 Acc. 2004/025 Nr. 950??

[49] Susanne Heim, Vertreibung, Raub und Umverteilung. Die jüdischen Flüchtlinge aus Deutschland und die Vermehrung des „Volksvermögens" in: Gesellschaft zur Förderung zeitgeschichtlicher Forschungen (Hrsg.), Flüchtlingspolitik und Fluchthilfe. Beiträge zur nationalsozialistischen Gesundheits- und Sozialpolitik 15, Berlin 1999, S. 125.

[50] NLA-HStAH Hann. 210 Acc. 2004/024 Nr. 761, Hann. 210 Acc. 2004/025 Nr. 950, Nr. 951.

[51] Heute: Lister Meile.

[52] Aussage Hans Altschul im Entschädigungsverfahren 1956 NLA-HStAH Nds. 110 W Acc. 14/99 Nr. 105126 (Altschul, Hans Moritz)

[53] NLA-HStAH Nds. 110 W Acc. 14/99 Nr. 105126 (Altschul, Hans Moritz).

[54] NLA-HStAH Nds. 110 W Acc. 14/99 Nr. 117835.

[55] Bisher sind vier Personen bekannt, die 1940 emigrieren konnten, für 1941 sind es 12 Personen.

IN DEN FOLTERLAGERN [1]

Konrad Heiden

Seit dem Vormittag des 10. November begannen die Massenverhaftungen. In der Regel wurden die Verhafteten in eines der großen Lager Dachau bei München, Sachsenhausen oder Oranienburg bei Berlin oder Buchenwald bei Weimar gebracht. Ihre Behandlung in allen diesen Lagern war nach übereinstimmenden Berichten grauenvoll; zahlreiche solche Berichte liegen uns vor. Wir haben aus ihnen die folgenden ausgesucht. Es sind solche Berichte, deren Verfasser durch ihre Person besondere Gewähr dafür bieten und durch ihre Tonart zeigen, dass sie in Ruhe und mit möglichster Sachlichkeit zu schildern versuchen. [...]

Vielleicht das grauenvollste, jedenfalls das berüchtigste deutsche Konzentrationslager wurde im Laufe des Jahres 1938 Buchenwald bei Weimar. Es besteht erst seit etwa Jahresfrist. Buchenwald ist eine moralische Anklage gegen die Reichsregierung, auf die es nicht den Hauch einer Antwort oder Ausflucht gibt.

Nachdem die Konzentrationslager sechs Jahre bestehen, können ihre Greuel nirgends mehr auf untergeordnete Stellen abgewälzt werden. Das System ist einheitlich, die Lagerordnungen sind einheitlich, die Strafen des Auspeitschens, Erschießens oder Erhängens sind schriftlich in Paragraphen niedergelegt, und die Strafordnungen der verschiedenen Lager gleichen sich so, dass es offenbar eine zentrale Mustervorschrift für das Prügeln, Hängen oder Schießen geben muss.

In Buchenwald ist etwas Schlimmeres geschehen. Hier wurde nicht nur eine Horde roher und bewaffneter „Übermenschen" auf einen Haufen arme „Ungeziefer" losgelassen – macht mit ihnen, was ihr wollt. Hier wurde planmäßig mit allen technischen Mitteln eine Hölle geschaffen; oder vielmehr: mit allen technischen Mängeln. Hier wurde auf engem Raum, ohne ausreichendes Wasser, ohne ausreichende Behausung, ein Massengrab für Lebende angelegt. Selbst ohne alle Quälerei müssten sie, buchstäblich wie Sardinen übereinandergeschüttet, ersticken und verkommen. Einer, der dieser Hölle entrann, gebildeter Mann, wie schon sein Stil verrät, und genauer Beobachter mit dem Willen zur Sachlichkeit, berichtet:

„Ich bin an dem Donnerstag Abend, an dem die Synagogen brannten und die Geschäfte und Wohnungen zertrümmert wurden, von der Gestapo verhaftet worden mit der Begründung: „In Verbindung mit den Ereignissen dieses Tages müssen wir Sie in Schutzhaft nehmen". Ich wurde in das Untersuchungsgefängnis überführt und blieb dort einen Tag. Behandlung dort durchaus korrekt, vielleicht kann man sogar sagen freundlich. Gegen Abend Entlassung, so dass zunächst in uns der Gedanke aufkam, wir würden nach Hause entlassen.

Wir wurden aber eines Besseren belehrt dadurch, dass auf einmal eine Reihe von Autobussen vorfuhr, in die wir verladen wurden.

Abtransport nach X., dort Empfang durch große Massen Schupos (Schutzpolizisten), die uns laut anschrien, uns im übrigen aber ungeschoren ließen. Verladen in einen Personenzug, Befehl: „während der Fahrt darf kein Fenster geöffnet werden; bei einem Fluchtversuch wird ohne Warnung geschossen." Fahrt nach Weimar.

Beim Ausladen dort die ersten Handgreiflichkeiten. Wir mussten in der Unterführung antreten, Gesicht gegen die Wand, wurden eng zusammengepresst, gestoßen und geschlagen. Nachdem der Transport abgezählt war, wurden wir mit Schreien und Fluchen angetrieben, in größtmöglicher Eile die Treppe hinauf zu rennen. Auf der Treppe setzte es die ersten Fußtritte. Hier zeigte sich, dass die Jungen und Gewandten verhältnismäßig gut durchkamen, während die Älteren oder körperlich Behinderten die Püffe abbekamen.

Dann wurden wir in Autobusse verladen, wieder unter lautem Schreien und vielen Beschimpfungen. Beispiel: Ein S.S.-Mann fragt: „Was seid ihr?" Natürlich keine Antwort, weil die Frage nicht verstanden wird. Ohrfeige. Endlich erfolgt die gewünschte Antwort. Ohrfeige. „Willst du wohl lauter sprechen, du Judenschwein!" Usw.

Im Autobus auf einmal Befehl: „Brillen absetzen, Köpfe herunter!" Sofort Faustschläge in alle Nacken, die erreichbar waren, bis alle die Köpfe tief gebeugt hielten. In dieser Stellung mussten wir während der ganzen Fahrt verharren. Wagte einer, den Kopf zu heben, gab es sofort einen Faustschlag in den Nacken.

Ankunft in Buchenwald; Befehl zum Aussteigen, Kommando: Hüte ab. Nun mussten wir zwischen zwei Reihen von S.S.-Männern hindurchlaufen, von denen ein Teil mit Fäusten schlug und mit Füßen trat, ein anderer Teil mit Schlagringen und Peitschen auf uns einhieb. Ein feister Wachtmeister hatte eine kurzstielige Peitsche in der Hand, die der Nagaika der Russen glich und zweifellos auch mit Draht durchflochten oder mit Bleistückchen besetzt war. Er hieb damit auf die Köpfe, und meist spritzte nach jedem Hieb das Blut. Wieder war es hier so, dass die gewandten Jüngeren mit ein paar Püffen davon kamen, während die Älteren die zum Teil schwer Leidtragenden waren und blutend und hinkend aus der Gasse hervorkamen.

Antreten auf dem Platz vor der Kommandantur, dort erhielt jeder seine Nummer und wurde einer Baracke zugewiesen. Im Laufschritt mussten wir zur Baracke und wurden dort sofort auf die Pritschen (primitive Lager) kommandiert. Hier tröstete uns ein älterer Gefangener: „Nun könnt ihr euch beruhigen, hier seid ihr geborgen."

Ich habe von meinem Platz aus zweiundzwanzig Leute mit blutenden Köpfen gezählt. Meist waren es blutende Striemen, bei einzelnen war aber die Haut gespalten, und die Kopfschwarte lag bloß. Einer von den älteren Gefangenen tauchte ein Handtuch in Wasser und legte es zur Kühlung auf die Köpfe der Verwundeten. Da er aber weder viele Handtücher noch viel Wasser hatte, musste er nach zehn Minuten den primitiven Verband wieder abnehmen, um ihn einem anderen anzulegen. Grundsätzlich gab es in Buchenwald keinen Anspruch auf Verbandsmaterial, auf Medikamente oder überhaupt auf ärztliche Hilfe.

Im Lager waren vier Baracken, in deren jeder schätzungsweise zweitausend Mann untergebracht werden mussten. Die Pritschen waren in vier bis fünf Stockwerken übereinander, so dass, wenn alle auf der Seite lagen und alle Gänge und der Mittelraum noch belegt waren, die meisten wenigstens liegen konnten.

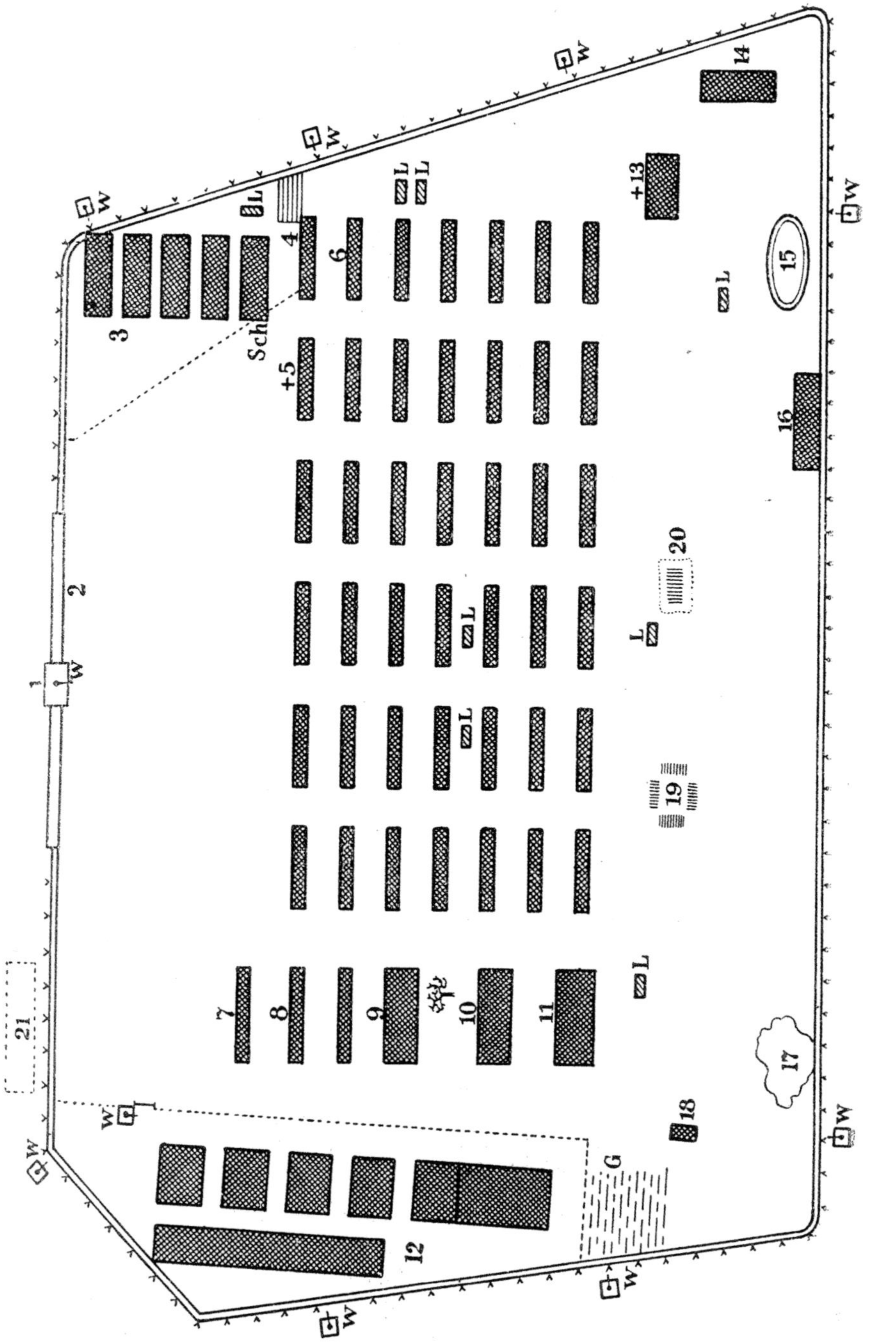

1 Lagereingang zum Appellplatz. — 2 Arrest und Klagemauer. — 3 Fünf Baracken mit 12.000 Judenhäftlingen vom 10. November. — 4 Baracke des Todes. — 5 Judenrevier. — 6 Baracke für Typhuskranke. — 7 Strumpfstopferei. — 8 Effektenkammer. — 9 Küche. — 10 Badeanstalt. — 11 Effektenkammer im Bau. — 12 Werkstätten und Sägewerk. — 13 Hauptrevier. — 14 Stallungen. — 15 Reitschule. — 16 Schweinezucht. — 17 Steinbruch I. — 18 Hundezucht. — 19 Holzplatz. — 20 Materialplatz. — 21 Tiergarten. — L Latrinen. — W Wachtürme. — = Neutrale Zone. — Sch Schonungsbaracke. — G Gärtnerei.

Lagerskizze Buchenwald entnommen aus:
Julius Freund, O Buchenwald!, Klagenfurt 1945, S.28f.

Immerhin genügte der Raum nicht ganz, eine Anzahl musste die Nacht über stehen. Zwei Tage später wurde eine fünfte Baracke fertig, so dass man schließlich mit einer Belegung von vielleicht rund zehntausend Mann rechnen konnte.

Waschgelegenheit gab es nicht. Bereits am zweiten Tage waren die Hände dunkelgrau und klebrig, so dass man sich ekelte, das Brot anzufassen. Das Lager soll an Wassermangel leiden. Jedenfalls musste damit auch in den Sanitätsbaracken so gespart werden, dass die Krankenwärter sich beklagten, sie könnten ihre Kranken kaum waschen.

Eine andere Folge des Wassermangels: Juden hatten das Anrecht auf Kaffeeempfang einmal am Tag. Die uns zugeteilte tägliche Kaffeemenge betrug meist nur vier bis fünf Schluck, so dass wir alle Durst litten und bei der ungeheuren Staubentwicklung in den Baracken kaum sprechen konnten.

Für die fünf Baracken mit ihren zehntausend Menschen gab es eine Latrine von vielleicht zehn Metern Länge. Die übliche Kriegslatrine: ein Baumstamm in Sitzhöhe mit einer entsprechenden Grube dahinter. Es ist selbstverständlich, dass diese Latrine für solche Menschenmassen nicht genügte, was sehr schnell zu einer Verschmutzung der ganzen Gegend führte.

Am ersten Tage mussten wir den größten Teil des Tages auf den Pritschen liegen, denn es gab nur zwei Möglichkeiten: entweder Antreten auf dem Platz vor der Kommandantur oder Liegen auf den Pritschen. Einen Tagesraum oder auch nur Raum, um sich außerhalb der Baracken einigermaßen zu bewegen, gab es nicht. Einmal am Tag gab es eine warme Mahlzeit, die recht gut zubereitet und auch der Menge nach durchaus genügend war, von vielen aber ihres Durstes wegen nur zum Teil verzehrt wurde."

Auch dieser Schreiber bemüht sich geflissentlich, das Gute zu nennen und anzuerkennen. Er lobt das Essen. Er macht gewissermaßen darauf aufmerksam: seht, ich will die Dinge nicht schwärzer färben, als sie sind. Wir mussten nicht hungern. Wir hatten nur Durst, wir wurden nur geschlagen, wir mussten nur im Stehen schlafen, wir erkrankten nur an der Ruhr, wer floh, wurde nur erschossen und wer blieb, hatte sonst Gelegenheit zu sterben:

„Am zweiten Tag antreten sechs Uhr früh, Versuch einer Ordnung in Abteilungen, die aber gänzlich misslingt, weil keine geordnete Befehlsgebung und überhaupt keine Befehlsübermittlung vorhanden war.

Infolge der Unklarheit der Befehle häufige Konflikte. Wenn es einer falsch macht, wird er mit einer Latte oder einem Holzknüppel geschlagen. War der Betreffende Soldat, dann nimmt er die Hacken zusammen und hält's Maul, dann ist es gut. Steht er nicht stramm, oder versucht er in unsoldatischer Weise sein Missverständnis zu erklären oder zu entschuldigen, gibt es neue Hiebe mit dem Knüppel, und da hängt es nun vom Zufall oder von der Laune des Schlagenden ab, ob der Schlag etwas stärker oder schwächer fällt, ob er auf die Schulter, den Rücken oder den Kopf und den Nacken trifft. Stärkere Schläge auf Kopf und Nacken machen den Betreffenden leicht „groggy". Dann wird die Situation für ihn gefährlich. Denn fängt er zu taumeln an, kommt unweigerlich der Befehl: „Nimm die Hacken zusammen! Willst du dich anständig hinstellen!" und da er das nicht kann folgen erneute Schläge bis zum Umfallen. Umgefallene werden entweder mit Fußtritten zum Wiederaufstehen gebracht oder liegen gelassen. Manchmal sah man Dutzende von ihnen herumliegen.

Schließlich wurden wir etwa um zehn Uhr verhältnismäßig ungeordnet auf den Platz vor der Kommandantur geführt, und dort fing man an, die Gefangenen, nach Städten geordnet, mit Namen aufzurufen. Eine kurze Unterbrechung zum Kaffeeempfang, eine etwas längere Unterbrechung zum Empfang der warmen Mahlzeit. Sonst ging diese Prozedur ohne Unterbrechungen weiter bis um halbsieben Uhr abends, so dass wir an diesem Tag rund zwölf Stunden gestanden haben. Selbstverständlich ist, dass die Älteren und die nicht Gedienten das nicht aushielten sondern dutzendweise umfielen.

An diesem Tage waren wieder neue Züge mit Gefangenen gekommen, eine neue Baracke war bewundernswert schnell aufgebaut, aber nicht fertig geworden. Ich gehörte zu denen, die in dieser Baracke untergebracht werden sollten. Man trieb uns in die Baracken hinein, bis wir ziemlich eng zusammengepfercht standen. Dann Befehl: „Alles hinlegen!" unterstützt vom Schwingen der Peitsche über unseren Köpfen, und wo man gerade stand, musste man sich in den Dreck werfen. Die Menschen lagen natürlich zum Teil übereinander und durcheinander, dass man sich kaum bewegen konnte. In dieser Nacht setzte bei vielen Durchfall ein.

Die in der Nähe des Eingangs versuchten hinaus zu kommen, baten die Wache darum, austreten zu dürfen, was ihnen manchmal unter lautem Schimpfen und Schlägen gestattet, manchmal auch verweigert wurde. In der Latrine standen sie in langer Schlange. Es kam häufig vor, dass es einer nicht so lange halten konnte, und dass er sich dann wohl oder übel entschließen musste, wo er gerade stand, die Hose fallen zu lassen und die Gegend zu verunreinigen, Grund genug für die Aufsicht, auf die Schweinejuden zu schimpfen und loszuschlagen. Stundenlang konnte man in dieser Nacht fast ohne Unterbrechung das Klatschen der Schläge und das Aufschreien der Betroffenen hören. Einmal fiel ein Schuss. Es ist klar, dass sich unter diesen Umständen immer weniger Leute hinaustrauten und immer mehr es vorzogen, in der Baracke zu bleiben und alles in die Hose laufen zu lassen. Die, die weiter vom Eingang entfernt lagen, hatten diese Methode sowieso schon anwenden müssen, weil sie nicht bis zum Eingang hatten vordringen können.

Am nächsten Tage wieder um sechs Uhr antreten. Wieder Stehen vor der Kommandantur bis um elf Uhr, wieder viele Kollapse, besonders bei den Darmkranken. Um elf Uhr Befehl: „Alles links um machen und hinsetzen", so dass man den linken Nebenmann zwischen seinen Beinen hatte. Vier Stunden lang mussten wir in dieser Haltung bleiben, die auf die Dauer wohl noch anstrengender ist als das Stehen.

Es wurde uns gesagt: „Erkennungsmarken sind ein Ehrenzeichen des Soldaten. Ihr kriegt das nicht. Aber wir raten euch, steckt euch einen Zettel in die Tasche mit der Adresse eurer Frau darauf, damit wir wenigstens wissen, wohin wir die Asche zu schicken haben."

Dass Gefangene in einem solchen Lager den Verstand verlieren, wird niemanden überraschen. Der Verfasser schildert den Fall eines alten Herrn, der bereits in der ersten Nacht zu schreien anfing: „Juden, helft mir, man will mir ans Leben!" Er schrie und schrie, bis sich ein Rollkommando aus vier älteren Gefangenen, von denen einer das grüne Dreieck der gemeinen Verbrecher trug, auf ihn stürzte:

„Als der Alte stereotyp weiter schrie, schlugen die Vier zu. Vielleicht eine Minute lang prasselten die Faustschläge auf seinen Kopf, der danach eine blauschwarze Masse war, an der man die Stelle von Nase und Augen kaum mehr erkennen konnte. Der Alte war halb bewusstlos und schwieg natürlich. Darob große Befriedigung beim Rollkommando: „Ja, mit solchen Leuten wissen wir schon umzugehen, wir haben schon manchen zum Schweigen gebracht. Wenn's nicht anders geht, muss halt einer mal dran glauben, anstatt dass tausend oder zweitausend leiden müssen."

Hier ist die Erklärung dieser rohen Selbstjustiz. Das Rollkommando fürchtet, dass die S.S. mit Prügeln oder Schießen wahllos zwischen die zweitausend Menschen fahren wird, wenn nicht rasch Stille eintritt. Die Leute mögen ihre Erfahrungen haben.

Der Berichterstatter fährt fort: „Nach etwa einer halben Stunde hatte sich der Alte wieder so weit erholt, dass er von neuem in seinen Schrei ausbrach: „Lasst mich am Leben!" worauf wieder eine ähnliche Szene einsetzte. Der Alte, von unglaublicher Zähigkeit, überstand das mehrfach. Als wir morgens um sechs Uhr antreten mussten, lag er auf dem Boden der Halle im Staub und röchelte immer noch. Lange kann es aber nicht mehr gedauert haben."

Dann wird geschildert, wie das Rollkommando einen Mann mit Schreikrämpfen zum Schweigen bringt: „Das Schreien geht weiter. Darauf holt sich der andere eine Latte, mit der er den Schreienden zunächst so verdrischt, dass die Schläge laut durch die Halle klatschen und alles, was etwa noch geschlafen haben sollte, aufwecken. Das Schreien geht trotzdem weiter. Nun bindet der andere ein paar Lappen um die Spitze der Latte, setzt sich neben den Schreienden, und im geeigneten Moment stößt er ihm den Knebel tief in den Rachen. Das Schreien hört nun natürlich auf, man hört den Menschen nur noch röcheln. „Siehst du, mit Leuten wie dir können wir auch umgehen. Siehst du, jetzt bist du ganz schön ruhig." Der Knebel wurde etwas herausgezogen, dann wieder hineingestoßen und so fort, bis der Gefangene wohl fast erstickt war; dann wurde er ganz herausgezogen. Nachdem der andere sich erholt hatte, fing er wieder zu schreien an. Ich glaube, kann es aber nicht ganz bestimmt behaupten, dass man ihn diesmal still machte, indem man ihn würgte. Jedenfalls war der Mann am Morgen tot."

Der Berichterstatter schildert noch einige ähnliche Fälle und schließt diesen Teil seines Berichtes: "Ergebnis dieser Nacht: drei, vielleicht auch vier Tote in meiner Baracke. Da es in den anderen Baracken ganz ähnlich zugegangen sein soll, darf man annehmen, dass mindestens fünfzehn bis zwanzig Tote in dieser Nacht im Lager zu verzeichnen waren...

In der folgenden Nacht spielte das Verbringen von unruhigen Geistesgestörten nach der Waschküche eine besondere Rolle. Was dort geschah, habe ich natürlich nicht selbst gesehen, habe auch in dieser Nacht vor Erschöpfung vier Stunden bewusstlos geschlafen. Ich habe gehört, dass das Vorgehen in der Waschküche etwa so gewesen sein soll, dass man unter den üblichen Drohungen den Kopf des Gefangenen in einen Kübel unter Wasser tauchte und ihn bis fast zum Ersticken darin festhielt. Ein Gefangener sprang, entweder in seiner Verwirrtheit oder auch in der Absicht des Selbstmordes, gegen den elektrisch geladenen Stacheldrahtzaun, ein anderer soll in der Latrine gefunden worden sein.

Jeder Vorgesetzte oder jeder ältere Gefangene, der Vorgesetztenfunktion gelegentlich oder regelmäßig versieht, prügelt grundsätzlich...

Eine Strafe, die häufig angewendet wird, sind die Prügel auf dem Prügelbock, der vor der Kommandantur steht und von dem man es oft klatschen hört. Dabei kommt es oft vor, dass die Haut des Gesäßes platzt und blutet.

Eine andere Strafe, die ich täglich gesehen habe, ist das Stehen lassen der Gefangenen vor der Strafwand der Kommandantur. Sie bleiben da so lange stehen, bis sie umfallen. Diese Strafe wird erschwert dadurch, dass man dem Betreffenden einen Sandsack umhängt mit verschiedener Belastung.

Noch eine andere Strafe: Das Anschließen mit der Hand an eines der Fenstergitter und ebenfalls stundenlanges Stehen lassen. Verschärft kann diese Strafe werden bis zum Anschließen beider Hände an das Gitter in einer Höhe, dass der Betreffende mit den Fußspitzen noch eben den Boden berührt, was praktisch einem Aufhängen an den Händen gleichkommt.

Schließlich: Zwei Gefangene werden an beiden Handgelenken mit einer Fessel versehen und um einen Zaun herum so aneinander geschlossen, dass sie sich kaum bewegen können. Wenn sie erschlaffen, hängt dann der eine an den Handgelenken des anderen und verursacht ihm durch das Gewicht grässliche Schmerzen."

Soweit der Bericht.

[1] Konrad Heiden (1901 – 1966), deutscher jüdischer Journalist und Schriftsteller, veröffentlichte 1932 ein frühes aufklärerisches Buch über die NS-Bewegung „Geschichte des Nationalsozialismus – Die Karriere einer Idee". Die Jahre von 1933 bis 1940 verbrachte Heiden im Exil in verschiedenen europäischen Ländern, ab 1940 bis zu seinem Tod lebte er in den USA und verfasste weitere bedeutende Werke über das Dritte Reich. 1939 erschien in New York „The New Inquisition", eine Arbeit über den Novemberpogrom, die zeitgleich auch in französischer Sprache in Paris herauskam. Bis heute ist der Text nicht in deutscher Sprache publiziert worden. Das hier mit freundlicher Genehmigung der Zentralbibliothek Zürich abgedruckte Kapitel „In den Folterlagern" ist die deutsche Erstveröffentlichung eines Teils der Arbeit über den Novemberpogrom. [Aus dem Manuskript ab S. 87 (nur ein Absatz), dann S. 104 bis 118. Die Namen von Personen und Orten, die Rückschlüsse auf die Informanten geben könnten, sind im Text anonymisiert. Die Schreibweise folgt dem Manuskript.]

DOKUMENTATION DER WÄHREND DES POGROMS AM 10. UND 11. NOVEMBER 1938 VERHAFTETEN JÜDISCHEN HANNOVERANER

Während der Aktionen gegen jüdische Hannoveraner und Geschäfte wurden in der Zeit zwischen den ersten Morgenstunden des 10. November und dem Morgen des folgenden Tages 334 Personen (darunter eine Frau) aus der Stadt und dem Regierungsbezirk Hannover[1] verhaftet und im Polizeigefängnis sowie der auf dem Gelände der Polizeidirektion liegenden Turnhalle der ehemaligen Kriegsschule inhaftiert.[2] Die folgende Dokumentation umfasst die davon in der Stadt Hannover wohnenden 181 Personen in der Reihenfolge der Inhaftierung im Polizeigefängnis.[3] Die Dokumentation fußt in erheblichem Maße auf Vorarbeiten von Marlis Buchholz und Silke Petry, die sich im Rahmen eigener Forschungsprojekte intensiv mit den Verhafteten des Novemberpogroms befasst haben und teilweise auch ihr späteres Schicksal rekonstruieren konnten.[4]

Ausgehend von der Tatsache, dass sich der Novemberpogrom neben der Verhaftungsaktion gerade auch gegen jüdische Geschäfte und die Wohnungen von Juden richtete[5], wurden die Wohnadressen der Inhaftierten mit dem hannoverschen Adressbuch für das Jahr 1938 verglichen und bei offenkundigen Verschreibungen korrigiert oder ergänzt. Hinzugefügt wurden außerdem – soweit aus dem Adressbuch rekonstruierbar – Angaben zu den Geschäften bzw. Unternehmen (einschließlich Handwerksbetriebe, Praxen und Kanzleien) der jeweiligen Person. Aufgenommen wurden nach Möglichkeit auch die Schadensmeldungen für Wohnungen und Geschäfte, soweit sie sich den gesichteten Quellen entnehmen lassen: Für die 29 zerstörten Wohnungen liegen detaillierte Schadensmeldungen in den Polizeiakten vor.[6] Sie wurden den verhafteten Personen zugeordnet bzw. werden in den 19 Fällen, in denen aus dem jeweiligen Haushalt niemand verhaftet wurde, im Anschluss an die Dokumentation der Inhaftierten gegeben. Die vollständige Liste der betroffenen Geschäfte, es dürfte sich um die überwiegende Zahl der 1938 noch existierenden jüdischen Geschäfte gehandelt haben, befindet sich dagegen nicht mehr in den Akten.[7] Als Ersatz werden in der Dokumentation einige exemplarische Quellenfunde über das Vorgehen gegen die jüdischen Geschäfte angeführt.

Eine der wenigen Aufnahmen von zerstörten jüdischen Geschäften zeigt das Geschenkartikel- und Galanteriewarengeschäft Adolf Salberg, Inhaber Leo Nordschild, in der Georgstraße 15. Ab 1940 ist an diesem Ort die Firma Göbelhoff, Herrenhüte eingetragen. Göbelhoff zählt zu den wenigen, namentlich bekannten Tätern des Novemberpogroms und wurde 1948 wegen Verbrechens gegen die Menschlichkeit zu 18 Monaten Gefängnis verurteilt. Nach dem Wiederaufbau des zwischen Großer und Kleiner Packhofstraße gelegenen kriegszerstörten Gebäudes befand sich bis Mitte der 1990er-Jahre dort Hut-Göbelhoff.

INHAFTIERTE AUS DER STADT HANNOVER

(mit Angaben zu ihren Wohnungen und Geschäften)

1
HERZFELD, HERMANN (Jg. 1892), Kaufmann
Wohnung: Hannover, Hohenzollernstraße 31 (1. Etage)

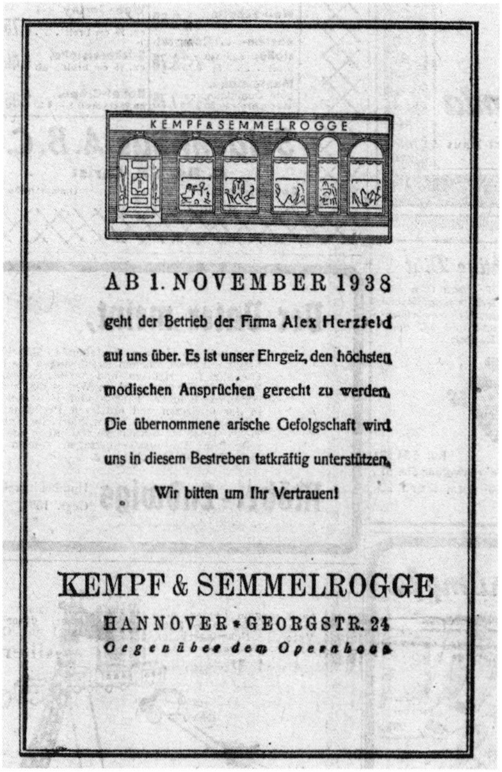
KEMPF&SEMMELROGGE

AB 1. NOVEMBER 1938
geht der Betrieb der Firma Alex Herzfeld auf uns über. Es ist unser Ehrgeiz, den höchsten modischen Ansprüchen gerecht zu werden. Die übernommene arische Gefolgschaft wird uns in diesem Bestreben tatkräftig unterstützen. Wir bitten um Ihr Vertrauen!

KEMPF & SEMMELROGGE
HANNOVER • GEORGSTR. 24
Gegenüber dem Opernhaus

Arisierungsanzeige für das Modegeschäft Alex Herzfeld, Georgstraße 24., dessen Inhaber bis 31. Oktober 1938 Hermann Herzfeld war. Hannoverscher Anzeiger 29./30. Oktober 1938.

2
GOLDSCHMIDT, ZILLE/SELLI (Jg. 1903), Kaufmann
Wohnung: Hannover, Glockseestraße 13

3
MANNHEIMER, MANFRED (Jg. 1900), Kaufmann
Wohnung: Hannover, Sedanstraße 21 (1. Etage)

4
CHUSID/CHUSIT, JAKOB (Jg. 1899), Kaufmann
Wohnung: Hannover, Königsworther Straße 5 (2. Etage)

5
DUDELCZYK, BERISCH (Jg. 1899), Kaufmann
Wohnung: Hannover, Reuterstraße 5 (1. Etage)
Bemerkungen: Vorname laut AB 1938: Bernhard
Geschäft: Hannover, Reuterstraße 5 (Erdgeschoss)

6
LÖBENSTEIN, JULIUS (Jg. 1899), Kaufmann
Wohnung: Hannover, Goethestraße 23 (1. Etage)
Geschäft: Manufakturwaren Julius Loebenstein
Hannover, Goethestraße 23 (Erdgeschoss)

Glaserei und Kunsthandlung Philipp Goldmann in der Goethestraße 47, Aufnahme um 1930

Blick in die Geschäftsräume der Glaserei und Kunsthandlung Philipp Goldmann, um 1930. Von links: Blanka Goldmann, Geselle Meyfarth, Herbert Goldmann, Paul Goldmann.

7
ISRAEL, HANS (Jg. 1904), Kaufmann/Vertreter
Wohnung: Hannover, Glockseestraße 3c (Erdgeschoss)

8
ROSENTHAL, ERICH HEINEMANN
(Jg. 1901), Chemiker (lt. AB 1938: Dr. med.)
Wohnung: Hannover, Wolfstraße 11

9
GOLDMANN, PAUL (Jg. 1879), Glasermeister
Wohnung: Hannover, Goethestraße 47 (2. Etage)
Geschäft: Glaserei und Einrahmung / Bilderhandlung Paul Goldmann, Hannover, Goethestraße 47 (Erdgeschoss)

10
WOLFES, HANS (Jg. 1876), Kaufmann
Wohnung: Hannover, Am Schiffgraben 23
Geschäft: Kohlenhandlung Hermann Wolfes
Hannover, Georgstraße 16
Beteiligte: Prokurist Paul Goldschmidt [vgl. Haft-Nr. 33]

11
KAUFMANN, ARTUR (Jg. 1903), Rechtsanwalt, Dr. jur.
Wohnung: Hannover, Gneiststraße 5
Geschäft: Rechtsanwaltskanzlei Hannover, Große Packhofstraße 26

12
BLUMENTHAL, HERMANN (Jg. 1866), Kaufmann
Wohnung: Hannover, Sedanstraße 35
Geschäft: Baby Bazar, Hannover, Deisterstraße 9
Inhaber: Herrmann Blumenthal
Beteiligte: Hermann Blumenthal [Haft-Nr. 12] und Hans Neumann [Haft-Nr. 71]
Beschädigungen: Holzverkleidung wegen zerstörter Schaufenster [vgl. NLA - HStAH Hann. 87 Hannover Nr. 258, Bl. 71]

Die Kosten für Holzverkleidungen der zerstörten Schaufenster mussten die Geschädigten selbst tragen.

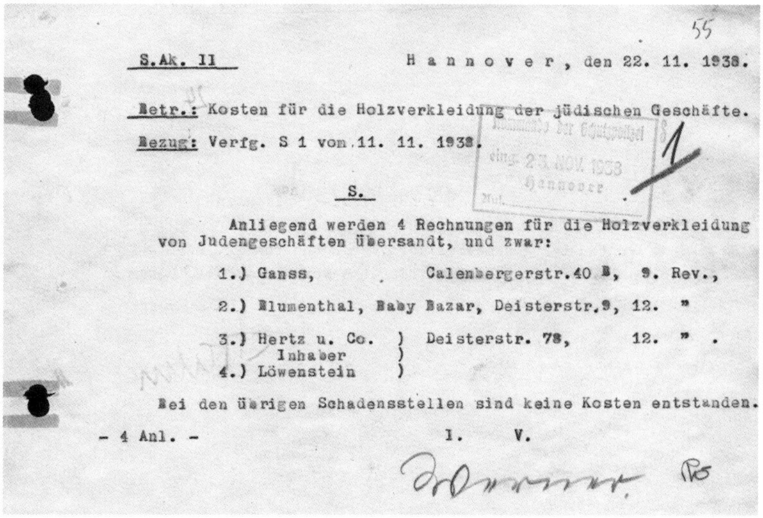

55

S.Ak. 11 — Hannover, den 22. 11. 1938.

Betr.: Kosten für die Holzverkleidung der jüdischen Geschäfte.

Bezug: Verfg. S 1 vom 11. 11. 1938.

S.

Anliegend werden 4 Rechnungen für die Holzverkleidung von Judengeschäften übersandt, und zwar:

1.) Ganss, Calenbergerstr. 40 B, 9. Rev.,
2.) Blumenthal, Baby Bazar, Deisterstr. 9, 12. "
3.) Hertz u. Co. Inhaber 4.) Löwenstein) Deisterstr. 78, 12. " .

Bei den übrigen Schadensstellen sind keine Kosten entstanden.

– 4 Anl. – I. V.

In dem hier mit einem Kreuz versehenen Haus Deisterstraße 9 befand sich das Geschäft „Baby Bazar" von Hermann Blumenthal, Postkarte aus dem Jahr 1932.

13
KATZ, OSKAR (Jg. 1893), Kaufmann
Wohnung: Hannover, Brüningstraße 24A (3. Etage)

14
BLUMENTHAL, WALTER (Jg. 1896), Kaufmann
Wohnung: Hannover, Sedanstraße 35

15
GOLDSCHMIDT, RICHARD (Jg. 1897), Kaufmann
Wohnung: Hannover, Jordanstraße 13
Geschäft: Herrenmoden Gebr. Goldschmidt
Hannover, Große Packhofstraße 15-16

16
NUSSBAUM, LEO (Jg. 1883), Schlachter
Wohnung: Hannover, Nordmannstraße 15
Geschäft: Schlachterei Leo Nußbaum,
Hannover, Nordmannstraße 15

17
WALLACH, MOSES (Jg. 1879), Kaufmann
Wohnung: Hannover, Cellerstraße 152 (2. Etage)
Geschäft: Manufakturwaren Gebrüder Wallach
Hannover, Herschelstraße 34 (Erdgeschoss)
Inhaber: Moses Wallach

18
SCHORSCH, EMIL, DR. (Jg. 1890), Rabbiner
Wohnung: Hannover, Wedekindstraße 5

19
MAGNUS, ROBERT (Jg. 1880), Kaufmann
Wohnung: Hannover, Pfarrlandplatz 7 (2. Etage)

20
HERZBERG, RUDOLF (Jg. 1881), Groß-Kaufmann
Wohnung: Hannover, Podbielskistraße 325
Geschäft: Großhandel Firma Adolf Herzberg
Hannover, Wallmodenstraße 60
Inhaber: Rudolf Herzberg

21
SÜSSKIND, FRIEDRICH (Jg. 1889), Kaufmann
Wohnung: Hannover, Kochstraße 11

22
COHN, ADOLF (Jg. 1878), Kaufmann
Wohnung: Hannover, Kniggestraße 7
Art der Zerstörung? Zerstört sind die Türen, das Treppengeländer, Wandtäfelung, Wandbekleidungen, Klosetteinrichtung und die Wände. Das Mobiliar ist bis auf wenige Stücke vollständig zertrümmert. Kleidungs- und Wäschestücke sind zerrissen und zerschnitten. Vermisst werden eine größere Summe Geld sowie Schmuck- und Wertsachen. Mobiliar zerstört? Ja; Wann kann die Wohnung wieder benutzt werden? Die Wohnung kann in 3-4 Wochen hergerichtet werden; Wo wohnen die bisherigen Inhaber der Wohnungen jetzt? [02.12.1938] Bei seinem Bruder Julius Cohn, Oeltzenstraße 2 [NLA – HStAH Hann. 87 Hannover, Nr. 258, Bl. 44r];
Geschäft: Rohprodukte-Großhandlung Levy Cohn (gegr. 1849), Hannover, Schöneworth 7
Beteiligte: Gesellschafter Julius [Haft-Nr. 66] und Adolf Cohn

23
STERN, FRITZ (Jg. 1895), Rechtsanwalt / Privatmann
Wohnung: Hannover, Ferdinand-Wallbrecht-Straße 19 (2. Etage)

24
BERGMANN, MAX, DR. MED. (Jg. 1874), Prakt. Arzt
Wohnung: Hannover, Podbielskistraße 337 (1. Etage)
Geschäft: Arztpraxis Dr. med. Max Bergmann
Hannover, Podbielskistraße 337

25
SEEFELD, GUSTAV, DR. MED. (Jg. 1875), prakt. Arzt
Wohnung: Hannover, Podbielskistraße 350 (2. Etage)
Geschäft: Arztpraxis Dr. med. Gustav Seefeld
Hannover, Podbielskistraße 350

26
MARCUS, HEINRICH (Jg. 1867), Kaufmann / Privatmann
Wohnung: Hannover, Karl-Kraut-Straße 2 (2. Etage)

27
WEIL, RICHARD, DR. PHIL. (Jg. 1880), Chemiker
Wohnung: Hannover, Hunaeusstraße 2 (2. Etage)

28
MANNHEIMER, ALFRED (Jg. 1887), Kaufmann
Wohnung: Hannover, Fritz-Beindorff-Allee 5 (1. Etage)

29
BRAUNSBERG, JULIUS (Jg. 1878), Kaufmann
Wohnung: Hannover, Walderseestraße 7
Art der Zerstörung? Das Mobiliar wurde in sämtlichen Zimmern zerschlagen. Ferner wurden noch 4 Fensterscheiben mit zerschlagen. Die Zerstörung ist mittels abgebrochener Tischbeine und anderem Handwerkszeug ausgeführt worden; Mobiliar zerstört? Ja; Wo wohnen die bisherigen Inhaber der Wohnungen jetzt? [02.12.1938] Die Wohnung ist von dem Eigentümer Julius Braunsberg wieder bezogen. [NLA – HStAH Hann. 87 Hannover, Nr. 258, Bl. 46r]
Geschäft: Bekleidungshandlung Braunsberg & Co. A.G.
Hannover, Köbelinger Straße 1
Inhaber: Braunsberg, Julius
Beteiligte: Vorstand Julius Braunsberg, Salo Braunsberg; Gesamtprokurist: Karl Frankenberg, Ferdinand Knickmeyer (beide Hannover); Hugo Braunsberg (Berlin)

30
WALLACH, FRITZ (Jg. 1889), Kaufmann
Wohnung: Hannover, Ferdinand-Wallbrecht-Straße 8 (1. Etage)

31
ALTSCHUL, HANS (Jg. 1904), Kaufmann
Wohnung: Hannover, Walderseestraße 31
Bemerkungen: Wohnt dort zusammen mit Robert Altschul, Kaufmann.
Geschäft: Robert Altschul Beleuchtungs- und Radiohaus
Hannover, Alte Celler Heerstraße 24
Inhaber: Hans Altschul

32
BLOCK, HANS (Jg. 1879), Rechtsanwalt u. Notar
Wohnung: Hannover, Gellertstraße 26

33

GOLDSCHMIDT, PAUL, DR. JUR.

(Jg. 1890), Rechtsanwalt
Wohnung: Hannover, Eichendorffstraße 2 (2. Etage)
Geschäft: Rechtsanwaltskanzlei Paul Goldschmidt
Hannover, Schillerstraße 32

34

BERKOWITZ, HORST, DR. JUR.

(Jg. 1898), Rechtsanwalt
Wohnung: Hannover, Erwinstraße 3 (1. Etage)
Geschäft: Rechtsanwaltskanzlei Horst Berkowitz
Hannover, Sophienstraße 1 A (3. Etage)

Dr. Horst Berkowitz (1898 – 1983) mit der Biografie von Ulrich Beer: Versehrt – verfolgt – verhaftet – Horst Berkowitz, im Garten seines Hauses Erwinstraße 3, Foto Wilhelm Hauschild, 23. Mai 1979.

Das Wohnhaus von Dr. Horst Berkowitz in der Erwinstraße 3, Foto Hermann Friedrich, 1962.

35

NUSSBAUM, KARL (Carl) (Jg. 1879), Kaufmann
Wohnung: Hannover, Lüerstraße 1 (Erdgeschoss und 1. Etage)

36

NORDSCHILD, LEO (Jg. 1884), Kaufmann
Wohnung: Hannover, Erwinstraße 1 (1. Etage)
Geschäft: Geschenkartikel Adolf Salberg
Hannover, Georgstraße 15
Art der Zerstörung?
Aussage von Ursula Terner vor der Staatsanwaltschaft im Verfahren wegen Verbrechen gegen die Menschlichkeit gegen den Kaufmann Richard Sander: „Zur Zeit der Judenaktion im Jahre 1938 [...] habe ich auf dem Wege, als ich mich zu meiner Arbeitsstelle ABC befand, von der Straßenbahn aus gesehen, wie in der Georgstraße das jüdische Geschäft Sallberg von SS-Leuten in Uniform ausgeplündert wurde. [...]" [NLA - HStAH Nds. 721 Hannover Acc. 61/81 Nr. 15/1, Bll. 167r-167v]

37

HEIMBACH, DAVID (Jg. 1879), Kaufmann
Wohnung: Hannover, Leisewitzstraße 2 (1. Etage)
Geschäft: David Heimbach Damenmoden
Hannover, Georgstraße 27 (Erdgeschoss)
Beschädigungen: u.a. Verlust von Waren [vgl. NLA - HStAH Hann. 87 Hannover Nr. 258, Bll. 93-94]

38

SELIGMANN, EDGAR

(Jg. 1884), Kaufmann / Fabrik-Dir. i. R.
Wohnung: Hannover, Corvinusstraße 10

39

SOCK, ADOLF (Jg. 1884), Apotheker
Wohnung: Hannover, Minister-Stüve-Straße 4 (3. Etage)
Geschäft: Drogist Central-Drogenhandlung A. Sock
Hannover, Steintorstraße 22 (Erdgeschoss)

40

AHRONSON, JULIUS (Jg. 1900), Drogist
Wohnung: Hannover, Gerberstraße 4
Bemerkungen: Nicht im AB 1938

41
HIRSCHFELD, HERBERT (Jg. 1910), Geschäftsführer
Wohnung: Hannover, Karmarschstraße 11
Geschäft: Bekleidungsgeschäft Gebr.Hirschfeld
Hannover, Große Packhofstraße 4/10, Karmarschstraße 9/11

42
ULLMANN, ERWIN (Jg. 1892),
Kaufmann / Geschäftsführer
Wohnung: Hannover, Große Packhofstraße 4 (5. Etage)

43
SAMUEL, HANS (Jg. 1896), Kaufmann / Vertreter
Wohnung: Hannover, Liebigstraße 28 (3. Etage)

44
BORG, MAX (Jg. 1898), Kaufmann
Wohnung: Hannover, Herrenstraße 6

45
HAAS, THEODOR (Jg. 1887), Kaufmann
Wohnung: Hannover, Sedanstraße 35 (1. Etage)
Geschäft: Hannoversche Kleiderfabrik, Joppenfabrik Haas & Co, Hannover, Sedanstraße 35

46
BRAUNSBERG, JOSEF (Jg. 1909), Kaufmann
Wohnung: Hannover, Walderseestraße 7
Bemerkungen: Wohnt dort zusammen mit Julius Braunsberg [Haft-Nr. 29]
Geschäft: Bekleidungshandlung Braunsberg & Co. A.G.
Hannover, Köbelinger Straße 1
Inhaber: Braunsberg, Julius
Beteiligte: Vorstand: Julius Braunsberg, Salo Braunsberg;G esamtprokurist: Karl Frankenberg, Ferdinand Knickmeyer (beide Hannover); Hugo Braunsberg (Berlin

47
MISANSKI, HERMANN (Jg. 1881), Kaufmann
Wohnung: Hannover, Ritter-Brüning-Straße 24 B (Erdgeschoss)
Geschäft: Textilwarenhandlung Hermann Misanski
Hannover, Ritter-Brüning-Straße 24 B

48
HIRSCHLAND, WILHELM MANFRED (Jg. 1904), Kaufmann
Wohnung: Hannover, Alte Celler Heerstraße 36 (3. Etage)
Geschäft: Margarete Hirschland Wäsche-Vertrieb
Hannover, Alte Celler Heerstraße 36

49
MAGNUS, SALLY (Jg. 1881), Fabrikant
Wohnung: Hannover, Stader Landstraße 62 (1. u. 2. Etage)
Geschäft: Likörhandlung Likörfabrik Otto Magnus
Hannover, Stader Landstraße 62
Beteiligte: Gesellschafter Sally Magnus, Gottlieb Wolff [Haft-Nr. 83]

50
BRAUNSBERG, SALO (Jg. 1893), Fabrikant
Wohnung: Hannover, Schellingstraße 3
Bemerkungen: Vgl. Haft- Nr. 29 u. 46
Art der Zerstörung? Zerschlagen der Einrichtung; Mobiliar zerstört? Ja; Wann kann die Wohnung wieder benutzt werden? Wird vom Inhaber weiter benutzt; Wo wohnen die bisherigen Inhaber der Wohnungen jetzt? [02.12.1938] In der alten Wohnung [NLA – HStAH Hann. 87 Hannover, Nr. 258]
Geschäft: Bekleidungshandlung Braunsberg & Co. A.G.
Hannover, Köbelinger Straße 1
Inhaber: Braunsberg, Julius
Beteiligte: Vorstand: Julius Braunsberg, Salo Braunsberg; Gesamtprokurist: Karl Frankenberg, Ferdinand Knickmeyer (beide Hannover); Hugo Braunsberg (Berlin)

51
HAMBERG, SALLY (Jg. 1887), Kaufmann
Wohnung: Hannover, Limmerstraße 4C

52
COHN, HERBERT (Jg. 1911), Arbeiter / Verkäufer
Wohnung: Hannover, Grupenstraße 2

53
BUCHHOLZ, WALTER (Jg. 1892), Kaufmann
Wohnung: Hannover, Arnswaldtstraße 33

54
BUCHHOLZ, JULIUS (Jg. 1861), Kaufmann / Fabrikant
Wohnung: Hannover, Hohenzollernstraße 34
Geschäft: Berufswäsche Julius Buchholz
Hannover, Osterstraße 15

Das Geschäftshaus der Berufswäschefabrik von Julius Buchholz, Osterstraße 13 – 15, Aufnahme um 1927.

55
HORN, ALFRED (Jg. 1879), Kaufmann / Autozubehör
Wohnung: Hannover, Bischofsholer Damm 47
Geschäft: Autozubehör Alfred Horn
Hannover, Lavesstraße 3

56
CYGIEL, ISAAK SALOMON (Jg. 1922), Bote / Arbeiter
Wohnung: Hannover, Knochenhauerstraße 12 (1. Etage)

57
GRAETZ, ELSE (Jg. 1891)
Wohnung: Hannover, Langemarckstraße 14 [Nienburger Straße] (Erdgeschoss)
Bemerkungen: Als Ehefrau von Hermann Graetz [Haft-Nr. 123] die einzige weibliche Verhaftete.

58
MUNTER, KARL, DR. (Jg. 1886), Kaufmann
Wohnung: Hannover, Richard-Wagner-Straße 26
Art der Zerstörung? Die Einrichtungsgegenstände wurden in sämtlichen Zimmern zertrümmert. Außerdem wurde die Flurtür stark beschädigt. In der Wohnung selbst wurden noch 1 Klosettbecken, 1 Ausguss, 2 Marmorplatten und 1 Fensterscheibe zertrümmert; Mobiliar zerstört? Ja; Wann kann die Wohnung wieder benutzt werden? Die Wohnung kann erst nach Entfernung der Trümmer und nach Instandsetzung bezogen werden. Wiedervermietung ist durch den Hauseigentümer geplant; Wo wohnen die bisherigen Inhaber der Wohnungen jetzt? [02.12.1938] Dr. Karl Munter wohnt seit dem 30.11.1938 bei seinen Schwiegereltern, Louis Sternheim [vgl. Haft-Nr. 311], Walderseestraße 21
[NLA – HStAH Hann. 87 Hannover, Nr. 258, Bl. 47r]
Geschäft: Kaufhaus für Manufaktur- und Modewaren Sternheim & Emanuel, Hannover, Große Packhofstraße 39-42, 44; Osterstraße 98-103
Inhaber: Kfm. Louis Sternheim [Haft-Nr. 311]; Kfm. Paul Steinberg; Kfm. Karl Munter
Beteiligte: Prokuristen Karl Zahn, Georg Nachmann, Adolf Rosenbaum

59
GOTTSCHALK, FRITZ (Jg. 1880), Kaufmann
Wohnung: Hannover, Rühmkorffstraße 6 (2. Etage)
Geschäft: M. Molling & Co., Hannover, Rühmkorffstraße 6
Beteiligte: Gesellschafter Fritz Gottschalk u. Ehefrau, Therese Gottschalk geb. Molling

60
HEINEMANN, JOSEF (Jg. 1910), Gärtner
Wohnung: Hannover, Vinnhorster Weg 4
Bemerkungen: Vinnhorster Weg 4 = Wohnbaracken der Stadt Hannover; laut Adressbuch für 1938: Heinemann, Josef, Gärtner, Brabeckstraße 20, 2. Etage – auch dieses Haus gehörte der Stadt Hannover.

61
COHN, HANS (Jg. 1913), Kaufmann
Wohnung: Hannover, Kniggestraße 7
Bemerkungen: Außerdem dort wohnhaft: Adolf Cohn, Kaufmann [Haft-Nr. 22]
Geschäft: Rohprodukte-Großhandlung Levy Cohn Hannnover, Schöneworth 7
Beteiligte: Gesellschafter Julius u. Adolf Cohn [Haft-Nr. 66 u. 22]

62
EISNER, WILHELM (Jg. 1872), Kaufmann
Wohnung: Hannover, Dorotheenstraße 25
Geschäft: Weißwaren Eisner
Hannover, Im Moore 5

63
WIRTHEIM, RICHARD (Jg. 1888), Kaufmann
Wohnung: Hannover, Egestorffstraße 1
Geschäft: Werkzeughandlung Richard Wirtheim
Hannover, Egestorffstraße 1
Beteiligte: Prokura Frau Grete Wirtheim

64
HEINE, HERMANN (Jg. 1878), Kaufmann
Wohnung: Hannover, Bandelstraße 28 (1. Etage)
Geschäft: Kaltleimfabrik Herman Heine

65
SCHEINHOLZ, ISIDOR (Jg. 1881), Ingenieur
Wohnung: Hannover, Im Moore 25 (2. Etage)

66
COHN, JULIUS (Jg. 1876), Kaufmann
Wohnung: Hannover, Oeltzenstraße 2 (1. Etage)
Geschäft: Rohprodukte-Großhandlung Levy Cohn (gegr. 1849), Hannover, Schöneworth 7
Beteiligte: Gesellschafter Julius und Adolf Cohn [Haft-Nr. 22]

67
GOLDSCHMIDT, MAX (Jg. 1876), Kaufmann
Wohnung: Hannover, Gartenweg 4

68
DOBRZYNSKI, ERNST (Jg. 1893), Kaufmann
Wohnung: Hannover, Herrenstraße 6

69
MANNE, ARTHUR (Jg. 1900), Kaufmann
Wohnung: Hannover, Limmerstraße 3-5
Geschäft: Lederwarenhandlung/Luxuswaren Arthur Manne Luxuswaren, Hannover, Limmerstraße 3-5

70
SPEYER (KLEEBERG), EMIL (Jg. 1884), Kaufmann
Wohnung: Hannover, Körnerstraße 9
Geschäft: Betten- und Bettwarenhandlung Speyer's Spezial-Betten-Haus (Betten-Speyer), Hannover, Goethestraße 10
Inhaber: Emil Speyer

71
NEUMANN, HANS (Jg. 1886), Kaufmann
Wohnung: Hannover, Falkenstraße 1/3
Geschäft: Baby Bazar, Hannover, Deisterstraße 9
Inhaber: Herrmann Blumenthal
Beteiligte: Hermann Blumenthal [Haft-Nr. 12] und Hans Neumann [Haft-Nr. 71]
Beschädigungen: Holzverkleidung wegen zerstörter Schaufenster [vgl. NLA - HStAH Hann. 87 Hannover Nr. 258, Bl. 71]

72
OPPENHEIMER, SIMON (Jg. 1876), Kaufmann
Wohnung: Hannover, Körnerstraße 29 (1. Etage)
Geschäft: S.H. Oppenheimer in. Liquid.
Hannover, [ohne Straßenangabe]
Beteiligte: Liquidatoren Georg Wunderlich, Walter Bartsch (Berlin)

73
EPSTEIN, HANS (Jg. 1882), Prokurist
Wohnung: Hannover, Am Taubenfelde 6

74
FRENSDORFF, KURT-LUDOLF (Jg. 1905), Makler
Wohnung: Hannover, Am Taubenfelde 30
Geschäft: Adolf Frensdorff, Hannover, Am Taubenfelde 30
Inhaber: Kurt-Ludolf Frensdorff
Beteiligte: Prokura Witwe Sidonie (Siddy) Frensdorff

Calenberger Straße mit Blick zur Marktkirche. Im Haus Nr.40, am linken Bildrand gelegen, befand sich 1938 die Seifenhandlung von Fitz Ganß, Aufnahme aus den 1930er-Jahren.

75

FRANKENSTEIN, LUDWIG (Jg. 1914), Student / Bankbeamter

Wohnung: Hannover, Falkenstraße 33 (2. Etage)

Bemerkungen: Bei seinem Vater Kaufmann Max Frankenstein

Geschäft: Max Frankenstein, Hannover, Limmerstraße 4C

76

KATZ, LOUIS (Jg. 1878), Kaufmann

Wohnung: Hannover, Waldstraße 38 (Erdgeschoss)

77

GANSS, FRITZ (Jg. 1889), Kaufmann / Seifenhändler

Wohnung: Hannover, Calenberger Straße 40a (1. Etage)

Geschäft: Seifenhandlung Ganß & Goldschmidt Hannover, Calenbergerstraße 40b

Inhaber: Ehefrau Margit Ganß

Beteiligte: Prokurist: Fritz Ganß

Beschädigungen: Holzverkleidung wegen zerstörter Schaufenster

[vgl. NLA - HStAH Hann. 87 Hannover Nr. 258, Bl. 71]

78

FRANKENSTEIN, KURT (Jg. 1907), Getreidehändler
Wohnung: Hannover, Falkenstraße 33 (2. Etage)

79

LÖWENSTEIN, SALLY (Jg. 1880), Kaufmann
Wohnung: Hannover, Deisterstraße 78
Geschäft: Strumpf- und Putzhaus Hertz & Co.
Hannover, Deisterstraße 78
Inhaber: Sally Löwenstein
Beschädigungen: Holzverkleidung wegen zerstörter Schaufenster [vgl. NLA - HStAH Hann. 87 Hannover Nr. 258, Bl. 71]

89

LOEWE, FRITZ (Jg. 1888), Baumeister
Wohnung: Hannover, Memelerstraße 16 [Heinrich-Heine-Straße] (1. Etage)

90

EDELSTEIN, RUDOLF (Jg. 1904), Kaufmann
Wohnung: Hannover, Herrenhäuser Straße 56 (Erdgeschoss)

91

POHLY, HANS (Jg. 1898), Kaufmann
Wohnung: Hannover, Karl-Kraut-Straße 1 (2. Etage)
Geschäft: Getreidehandlung Pohly & Co.
Hannover, Karl-Kraut-Straße 1
Inhaber: Hans Pohly

92

LANG, WILLY (Jg. 1896), Wäscher
Wohnung: Hannover, Körnerstraße 15
Geschäft: Wäscherei Willy Lang / Wäscherei Margot Lang
Hannover, Engelbosteler Damm 41-42

93

WARSCHAUER, OTTO, DR. MED. (Jg. 1885), früher prakt. Arzt
Wohnung: Hannover, Straße der SA 5 [Lange Laube] (2. Etage)
Geschäft: Arztpraxis Dr. med. Otto Warschauer
Hannover, Straße der SA 5 [Lange Laube] (2. Etage)

94

LEVISOHN, LOUIS ELIESER (Jg. 1873), Lehrer
Wohnung: Hannover, Gerberstraße 15 (1. Etage)

95

BLEIEISEN, HEINRICH (Jg. 1881), Schlachter
Wohnung: Hannover, Pfarrlandplatz 7

96

ISRAEL, HERMANN (Jg. 1896), Kaufmann
Wohnung: Hannover, Berkhusenstraße 27
Geschäft: Weißwaren
Inhaberin: Else Israel

137

GOLDSCHMIDT, ALFRED (Jg. 1889), Kaufmann
Wohnung: Hannover, Volgersweg 26
Bemerkungen: Laut AB 1938 Haus- Nr. 53.

151

LEWIN, MAX (Jg. 1880), Kaufmann
Wohnung: Hannover, Podbielskistraße 325

152

FRANKENSTEIN, SALOMON (Jg. 1876), Bücherrevisor
Wohnung: Hannover, Goethestraße 22 (2. Etage)

154

ROSENBAUM, SAMUEL (Salomon) (Jg. 1876), Kaufmann
Wohnung: Hannover, Celler Straße 120
Geschäft: Textilwarenhandlung Samuel Rosenbaum
Hannover, Celler Straße 120

155

ROSE, ALFRED (Jg. 1882), Kaufmann
Wohnung: Hannover, Tiedgestraße 8

156

FRENKEL, JULIUS (Jg. 1900), Kaufmann
Wohnung: Hannover, Lavesstraße 59 (2. Etage)
Geschäft: Textilvertretung Gebr. Frenkel
Hannover, Lavesstraße 59 (2. Etage)
Beteiligte: Gesellschafter Karl u. Fritz Frenkel

In dem am linken Bildrand gelegenen Haus Theaterstraße 15 befand sich ein Teil des Geschäftsbetriebs des Schneiders und Damenhutherstellers Viktor Kaunitz, Foto: Wilhelm Hauschild, 1931.

157
DORN, OTTO (Jg. 1874), Kaufmann
Wohnung: Hannover, De Haen Platz 2 (1. Etage)

158
SCHARFENBERG, OTTO (Jg. 1875), Kaufmann
Wohnung: Hannover, Rampenstraße 5 (3. Etage)

159
SCHARFENBERG, ERNST (Jg. 1905), Kaufmann
Wohnung: Hannover, Stephansplatz

161
KAUNITZ, VIKTOR (Jg. 1876), Schneider
Wohnung: Hannover, Herschelstraße 29
Geschäft: Damenhutfabrik / Schneiderei u. Modewaren, Fabrikation u. Einzelhandel Viktor Kaunitz
Hannover, Osterstraße 19 / Theaterstraße 15
Inhaber: Viktor Kaunitz

162
STRAUSS, WILHELM (Jg. 1889), Kaufmann
Wohnung: Hannover, Herschelstraße 29

173
BLUMENBERG, BERTHOLD (Jg. 1877), Kaufmann / Bücherrevisor
Wohnung: Hannover, Bodenstedtstraße 9

191
GOLDSCHMIDT, FRITZ (Jg. 1914), Vertreter
Wohnung: Hannover, Josephstraße 16

206
NATHANSON, MARTIN (Jg. 1874), Bankier
Wohnung: Hannover, Podbielskistraße 13 (2. Etage)
Geschäft: Bankgeschäft Nathanson & Stern
Hannover, Andreaestraße 5
Beteiligte: Gesellschafter Martin Nathanson u. Jacob Stern

230
CHUTMANN/GUTMANN, ERICH (Jg. 1904), Sportlehrer
Wohnung: Hannover, Sedanstraße 35

231
STEIN, WILHELM (Jg. 1905), Arbeiter
Wohnung: Hannover, Eckerstraße 6

232
STEIN, BERNHARD (Jg. 1900), Arbeiter
Wohnung: Hannover, Eckerstraße 6

233
HORN, PAUL (Jg. 1893), Arbeiter
Wohnung: Hannover, Sedanstraße 42

234
SIMON, PAUL (Jg. 1899), Kaufmann
Wohnung: Hannover, Bödekerstraße 43

235
ROSENBERG, PAUL (Jg. 1880), Kaufmann
Wohnung: Hannover, Yorckstraße 5 (3. Etage)

236
RÜDENBERG, ADOLF (Jg. 1902), Kaufmann
Wohnung: Hannover, Grünewaldstraße 4

237
RÜDENBERG, ERNST (Jg. 1883), Kaufmann
Wohnung: Chemnitz / Hannover, Ferdinand Wallbrecht-Straße 28

238
DAVIDSOHN, SAMMY / SEMMY, DR. MED. (Jg. 1868), Arzt / Sanitätsrat
Wohnung: Hannover, Heinrichstraße 43 (1. Etage)
Geschäft: Arztpraxis S. Davidsohn
Hannover, Heinrichstraße 43 (1. Etage)

258
PHILIPPSOHN, GUSTAV (Jg. 1902), Arbeiter
Wohnung: Hannover, Marschnerstraße 35

259
ROSE, FRITZ (Jg. 1876), Viehhändler
Wohnung: Hannover, Theodorstraße 5 A (2. Etage)
Geschäft: Viehandlung Abraham Rose
Hannover, Marschnerstraße 35
Beteiligte: Gesellschafter Fritz Rose, Philipp Rose [Haft-Nr. 260], Max Rose [Haft-Nr: 261]

260
ROSE, PHILIPP (Jg. 1877), Viehhändler
Wohnung: Hannover, Marschnerstraße 35 (1. Etage)
Geschäft: Viehandlung Abraham Rose
Hannover, Marschnerstraße 35
Beteiligte: Gesellschafter: Fritz Rose [Haft-Nr. 259], Philipp Rose, Max Rose [Haft-Nr. 261]

261
ROSE, MAX (Jg. 1888), Viehhändler
Wohnung: Hannover, Marschnerstraße 35 (2. Etage)
Geschäft: Viehandlung Abraham Rose
Hannover, Marschnerstraße 35
Beteiligte: Gesellschafter Fritz Rose [Haft-Nr. 259], Philipp Rose [Haft-Nr. 260], Max Rose

262
PHILIPPSOHN, OTTO (Jg. 1912), Arbeiter
Wohnung: Hannover, Marschnerstraße 35

263
OPPLER, SIEGMUND, DR. JUR. (Jg. 1873), Rechtsanwalt
Wohnung: Hannover, Grünewaldstraße 4 (1. Etage)

264
OPPLER, EDWIN (Jg. 1908), Kunstmaler
Wohnung: Hannover, Grünewaldstraße 4 (1. Etage)
Bemerkungen: Sohn von Siegmund Oppler [Haft-Nr. 263]

267
MOSHEIM, ERNST (Jg. 1887), Kaufmann
Wohnung: Hannover, Hindenburgstraße 33

268
TANNENBAUM, KURT (Jg. 1896), Kaufmann
Wohnung: Hannover, Humboldtstraße 23

269
WEINBERG, AUGUST (Jg. 1878), Kaufmann
Wohnung: Hannover, Hohenzollernstraße 44 (1. Etage)
Art der Zerstörung? Zerstörung der Wohnung u. Zerschlagen von Mobilar; Mobiliar zerstört? Ja; Wann kann die Wohnung wieder benutzt werden? Wird von der Ehefrau weiter benutzt; Wo wohnen die bisherigen Inhaber der Wohnungen jetzt? [02.12.1938] In der alten Wohnung [NLA – HstAH Hann. 87 Hannover, Nr. 258, Bl. 39r]

270
LOEWE, RICHARD (Jg. 1884), Justiz-I.
Wohnung: Hannover, Humboldtstraße 23

271
NEUFELD, ALBERT (Jg. 1884), Elektriker
Wohnung: Hannover, Lange Straße 34

273
GRAETZ, HERMANN (Jg. 1885), Kaufmann
Wohnung: Hannover, Langemarckstraße 14 [Nienburger Straße] (Erdgeschoss)

274
MOSHEIM, HERMANN (Jg. 1895), Kaufmann
Wohnung: Hannover, Richard-Wagner-Straße 20

276
LEVI, FRITZ, DR. (Jg. 1897), Juwelier
Wohnung: Hannover, Bäckerstraße 28A (3. Etage)
Geschäft: Gold- und Silberwaren Salli Levi
Hannover, Bäckerstraße 28 A
Inhaber: Dr. Fritz Levi

277
BRÜMMER, FRITZ, DR. JUR. (Jg. 1890), Rechtsanwalt
Wohnung: Hannover, Ellernstraße 9A
Geschäft: Rechtsanwaltskanzlei Dr. jur. Fritz Brümmer
Hannover, Straße der SA 6 [Lange Laube] (2. Etage)

278
MENDELSOHN, FRITZ (Jg. 1893), Werbemittel-Kaufmann
Wohnung: Hannover, Annenstraße 13 (Erdgeschoss)

279
BLUMENTHAL, OSKAR (Jg. 1891), Vertreter / Reisender
Wohnung: Hannover, Ludwigstraße 29 (1. Etage)

280
ASCHKENASE, CHESKEL (Jg. 1898), Kassierer
Wohnung: Hannover, Klagesmarkt 7

281
NEUBERG, WILHELM (WILLY) (Jg. 1888), Kaufmann / Textilvertreter
Wohnung: Hannover, Podbielskistraße 314 A

282
BLUMENTHAL, JULIUS (Jg. 1887), Arbeiter
Wohnung: Hannover, Husarenstraße 17

283
NEUFELD, SIEGFRIED (SALOMON) (Jg. 1908), Kaufmann
Wohnung: Hannover, Liebigstraße 5

284
LEVY, HUGO (Jg. 1873), Bankier
Wohnung: Hannover, Bödekerstraße 85

285
NEUBERG, WALTER, DR. MED. (Jg. 1881), prakt. Arzt
Wohnung: Hannover, Ferdinand-Wallbrecht-Straße 10 (2. Etage)
Geschäft: Arztpraxis Dr. med. Walter Neuberg
Hannover, Ferdinand-Wallbrecht-Straße 10 (2. Etage)

286
UMANSKY, MICHAEL (Jg. 1897), Schriftsteller / Journalist
Wohnung: Hannover, Podbielskistraße 113 B (1. Etage)

287
HERZBERG, HEINRICH, DR. (Jg. 1888), Dr. med.
Wohnung: Hannover, Eichstraße 51 (1. Etage)
Geschäft: Arztpraxis Dr. Heinrich Herzberg
Hannover, Humboldtstraße 23 (1. Etage)

288
STEIN, DANIEL (Jg. 1902), Angestellter
Wohnung: Hannover, Baumstraße 16

289
WOLFES, HANS (Jg. 1884), Dr. jur.
Wohnung: Hannover, Podbielskistraße 36

290
HERZBERG, (JUSTUS) GUSTAV (Jg. 1879), Kaufmann
Wohnung: Hannover, Hallerstraße 1A (2. Etage)
Geschäft: Laden- und Schaufenstereinrichtungen Gustav Herzberg, Hannover, Hallerstraße 1A

291
LEVI, MAX (Jg. 1871), Kaufmann
Wohnung: Hannover, Rambergstraße 7 (3. Etage)

292
HIRSCHBERG, OSKAR (Jg. 1910), Schlachter
Wohnung: Hannover, Theodorstraße 5
Bemerkungen: Nicht im AB 1938.

293
SCHLOSS, GUIDO (Jg. 1892), Vertreter
Wohnung: Hannover, Bödekerstraße 72
Geschäft: Handelsvertreter für Schleifscheiben
Hannover, Bödekerstraße 72

294
MEYERSTEIN, HANS (JOHANN) (Jg. 1873), Kammerjäger
Wohnung: Hannover, Nordmannstraße 19
Geschäft: Kammerjäger Jon Meyerstein
Hannover, Nordmannstraße 19

295
SPEIER, LUDWIG (Jg. 1887), Geschäftsführer
Wohnung: Hannover, Georgstraße 48 (2. Etage)

296
NATHAN, ISIDOR (Jg. 1874), Kaufmann
Wohnung: Hannover, Karl-Kraut-Straße 2 (Erdgeschoss)

297
GRÜNBERG, SALLY (Jg. 1887), Kaufmann
Wohnung: Hannover, Hildesheimer Chaussee 133
Geschäft: Wülfeler Kaufhaus S. Grünberg,
Hildesheimer Chaussee 133

298
WOLFES, FRANZ, DR. JUR. (Jg. 1896), Rechtsanwalt
Wohnung: Hannover, Blumenhagenstraße 6
Geschäft: Rechtsanwaltskanzlei Dr. jur. Franz Wolfes
Hannover, Adolf-Hitler-Straße 6/7 [Bahnhofstraße]

299
WOLFF, JULIUS (Jg. 1878), Vertreter
Wohnung: Hannover, Voltastraße 3 (2. Etage)

300
SCHWARZ, HERMANN (Jg. 1872), Kaufmann
Wohnung: Hannover, Haltenhoffstraße 10 (1. Etage)

301
WEINBERG, MAX, DR. JUR. (Jg. 1887), Regierungsrat a. D.
Wohnung: Hannover, Gretchenstraße 36 (1. Etage)

302
SCHLOSS, JULIUS (Jg. 1887), Bankbeamter
Wohnung: Hannover, Leisewitzstraße 44

303
WEINBERG, SIEGFRIED (Jg. 1880), Lehrer
Wohnung: Hannover, Ubbenstraße 20 (Hinterhaus)

304
WEINBERG, HELMUT (Jg. 1918), Kaufmann
Wohnung: Hannover, Ubbenstraße 20

305
WEINBERG, EMANUEL (Jg. 1886), Kaufmann
Wohnung: Hannover, Oeltzenstraße 6 (1. Etage)
Geschäft: Manufakturwaren I.P. Neumark (Pers. Haft. Ges.)
Hannover, Klagesmarkt 7
Inhaber: Emanuel Weinberg
Art der Zerstörung? Meldungen der Polizeireviere über Sachschäden [vgl. NLA - HStAH Hann. 87 Hannover Nr. 258, Bll. 72-78]

306
DAVIDSOHN, MAX (Jg. 1880), Schlachter
Wohnung: Hannover, Baumstraße 16
Geschäft: Fleischermeister Max Davidsohn
Hannover, Limmerstraße 16

307
BECHER, ROLF (Jg. 1912), Kaufmann
Wohnung: Hannover, Gerberstraße 4 (2. Etage)

308
NATT, BERNHARD (Jg. 1774), Kaufmann / Vertreter
Wohnung: Hannover, Stolzestraße 12 (Erdgeschoss)

309
LEVI, KURT (Jg. 1895), Kaufmann
Wohnung: Hannover, Fichtestraße 8
Geschäft: Textilwaren & Teppiche Gebrüder Levi
Hannover, Goethestraße 38
Inhaber: Louis Levi [vgl. Haft-Nr. 327]

310
GOTTSCHALK, KARL (Jg. 1876), Bankier
Wohnung: Hannover, Richard-Wagner-Straße 23 (1. Etage)

311
STERNHEIM, LOUIS (Jg. 1862), Kaufmann
Wohnung: Hannover, Walderseestraße 21
Art der Zerstörung? Die Zerstörung ist durch schwere eichene Tischbeine, der Betten und Polster durch Zerschneiden verursacht worden. Außerdem wurden 3 Klosettbecken, 10 Marmorplatten, 10 Türen und 21 Fensterscheiben mit zertrümmert. ; Mobiliar zerstört? Ja; Wann kann die Wohnung wieder benutzt werden? Der Schaden ist bislang noch nicht wieder behoben; Wo wohnen die bisherigen Inhaber der Wohnungen jetzt? [02.12.1938] Die Wohnung ist von dem Eigentümer Louis Sternheim wieder bezogen (1.12.1938) [NLA – HstAH Hann. 87 Hannover, Nr. 258, Bl. 46r]
Geschäft: Kaufhaus für Manufaktur- und Modewaren Sternheim & Emanuel, Hannover, Große Packhofstraße 39-42, 44; Osterstraße 98-103
Inhaber: Kfm. Louis Sternheim; Kfm. Paul Steinberg; Kfm. Karl Munter [Haft-Nr. 58]
Beteiligte: Prokuristen Karl Zahn, Georg Nachmann, Adolf Rosenbaum

Louis Sternheim, der Gründer des Kaufhauses Sternheim & Emanuel.

Zeugenaussage von Karl Zahn, damals Prokurist bei der Fa. Sternheim & Emanuel sowie Betriebsführer, gegenüber der Staatsanwaltschaft im Verfahren wegen Verbrechen gegen die Menschlichkeit gegen den Kaufmann Richard Sander: „Zur Feier meiner Silberhochzeit war ich mit meiner Ehefrau am 9. November außerhalb Hannovers und zwar in Hahnenklee. Am 10. Nov. morgens gegen 6.00 Uhr erhielt ich einen dringenden Anruf von Herrn [Louis] Sternheim, mit der Bitte, sofort nach Hannover zurückzukommen. Auf meine Frage, was los ist, gab mir Sternheim keine Auskunft und erklärte er könne darüber am Telefon nicht sprechen.

Ich bin sofort im Wagen nach Hannover zurückgefahren und war etwa um 9.00 Uhr im Geschäft. Hier musste ich feststellen, dass die Schaufenster-Einrichtung restlos zertrümmert war. Die Ladeneinrichtung war in Takt, aber die Türen zu den einzelnen Abteilungen, die in verschiedenen Stockwerken lagen, waren aufgebrochen, sämtliche Pulte erbrochen, eines Teils ihres Inhalts beraubt und auch noch einige Waren verschwunden. Wie sich später herausgestellt hat, fehlten Waren von etwa 40 000.- Rm.

Wer diese Zerstörungen und Plünderungen vorgenommen hat, vermag ich nicht anzugeben. [...] Als ich nach 9.00 Uhr in das Geschäft kam, erschien dort auch der SS-Oberführer Jeckeln aus Braunschweig und verlangte von mir die Öffnung des Panzerschrankes. Ich habe den Panzerschrank geöffnet, wie er von mir verlangte, ich sollte das Geld aufzählen, habe ich den Schrank geschlossen und das Zahlenschloss verstellt. Anschließend habe ich ihm den Schlüssel gegeben und ihm erklärt, er solle sich selbst das Geld herausholen.

An diesem Tage waren die Wohnungen der Geschäftinhaber noch unbeschädigt. Am nächsten Morgen wollte ich mit Herrn Sternheim in seiner Wohnung etwas verhandeln und habe das Haus völlig demoliert angetroffen. Herr Sternheim lag in einer, zufälligerweise unbeschädigten, Mädchenkammer völlig gebrochen und berichtete mir über die Vorfälle des vergangenen Abends.

Gegen 10.00 Uhr sei ein Trupp von etwa 10 SS-Leuten erschienen und habe Einlass verlangt und die Wohnung völlig durchsucht und demoliert. Sternheim berichtete mir, der Anführer dieses Trupps sei der Uhrenkaufmann Richard Sander gewesen. Sternheim kannte Sander persönlich genau und zwar war er vor dieser Zeit und wohl vor 1933 mit Sander bei Tarifverhandlungen des Einzelhandelverbandes zusammen gewesen. Die SS unter Führung von Sander habe die Fam. Sternheim und Munter mit dem Personal in der Küche eingeschlossen und anschließend die Durchsuchung des Hauses vorgenommen. Während der Zerstörungen hätte einer der Leute auf dem Flügel gespielt, den sie zum Schluss auch noch mit Beilen zerschlagen hätten.

Ich habe mir das Haus selbst angesehen und dabei festgestellt, dass die Möbel, die Badewannen, Toiletten, Treppenhaus, Betten, usw. restlos zertrümmert waren. Sternheim erzählte, dass die SS zum Schluss in Teppiche und Brücken Silber und Schmuck eingewickelt und weggeschleppt hätte. Draußen vor dem Haus versammeltem Publikum wurde erklärt, da könnt Ihr sehen, die Juden haben Waffen bei sich versteckt. Der Schwiegersohn von Herrn Sternheim, Dr. Karl Munter, jetzt in Jerusalem, beziffert den Wert des vernichteten Mobiliars auf etwa 235 000,- RM. [...] Wie ich hinterher erfahren habe, sind im Anschluss an die Plünderung bei Sternheim die SS-Leute auch nach der Richard-Wagner-Straße zur Wohnung von Dr. Munter gegangen. Ob Sander auch dort dabei war, weiß ich nicht [...].“

[NLA - HStAH, Nds. 721 Hannover Acc. 61/81 Nr. 15/1, Bll. 175r-176r]

Ansichtszeichnung des Kaufhauses Sternheim & Emanuel, Große Packhof-/ Ecke Osterstraße, 1927.

Hannover. Große Packhofstraße.
Zahnkunst
Klahn.
Georg Samm
Alle De
Sternheim & Emanuel
Seide.
ELSBACH

312
NEUBURGER, KARL (Jg. 1893), Kaufmann
Wohnung: Hannover, Podbielskistraße 4 (Erdgeschoss)
Geschäft: Lebensmittelhandlung Karl Neuburger
Hannover, Podbielskistraße 4

313
GOTTSCHALK, RUDOLF (Jg. 1920), Färber
Wohnung: Hannover, Richard-Wagner-Straße 23?
Bemerkungen: Sohn von Bankier Karl Gottschalk
[Haft-Nr. 159]

314
MOSES, ISIDOR (Jg. 1880), Reisender
Wohnung: Hannover, Am Bartelshof 4

315
ROTHSCHILD, MAX (Jg. 1879), Kaufmann
Wohnung: Hannover, Lönsstraße 10 (1. Etage)

316
RAPP, PAUL (Jg. 1876), Rechtsanwalt
Wohnung: Hannover, Hausmannstraße 5
Art der Zerstörung? Das Mobiliar ist zum Teil zerstört. Die Beschädigungen sind leichter Art [NLA - HStAH Hann. 87 Hannover, Nr. 258, Bl. 44r]
Geschäft: Rechtsanwaltskanzlei Paul Rapp
Hannover, Andreaestraße 12 (1. Etage)

317
VOGELSANG, LOUIS (Jg. 1886), Vertreter / Kaufmann
Wohnung: Hannover, Rühmkorffstraße 12 (1. Etage)

318
SPANIER, HEINRICH (Jg. 1890), Schneider
Wohnung: Hannover, Gerberstraße 4

320
WEINBERG, WILLI (Jg. 1895), Arbeiter
Wohnung: Hannover, Fliegerstraße 37

321
MANNE, FRITZ (Jg. 1880), Privatmann / Kaufmann
Wohnung: Hannover, Wallmodenstraße 7

322
COHN, JOSEPH (Jg. 1870), Privatmann
Wohnung: Hannover, Wallmodenstraße 14

323
FACKENHEIM, WILLI (Jg. 1882), Händler / Abteilungsleiter
Wohnung: Hannover, Siebertstraße 37

325
COHEN, KURT (Jg. 1911), Diener
Wohnung: Hannover, Nietzschestraße 9

326
ROSE, JULIUS (Jg. 1886), Viehhändler
Wohnung: Hannover, Körnerstraße 19

327
LEVI, LOUIS (Jg. 1866), Kaufmann
Wohnung: Hannover, Fichtestraße 8
Bemerkungen: Vgl. Kurt Levi (Haft-Nr. 309)
Art der Zerstörung? Zerschlagen der Einrichtung; Mobiliar zerstört? Ja; Wann kann die Wohnung wieder benutzt werden? Wird vom Inhaber weiter benutzt; Wo wohnen die bisherigen Inhaber der Wohnungen jetzt? [02.12.1938] In der alten Wohnung [NLA - HStAH Hann. 87 Hannover, Nr. 258, Bl. 39r]
Geschäft: Textilwaren & Teppiche Gebrüder Levi
Hannover, Goethestraße 38
Inhaber: Louis Levi

328
HEINEMANN, MAX (Jg. 1872), Kaufmann
Wohnung: Hannover, Kramerstraße 12 / Holzmarkt 3 (1. Etage)
Geschäft: Herrenmoden Max Heinemann
Hannover, Holzmarkt 3 [Eckhaus Kramerstraße/Holzmarkt]

329
MÜNZER, HEINRICH (Jg. 1886), Kaufmann
Wohnung: Hannover, Paulstraße 1 A

330
MOSES, HANS (Jg. 1911), Kaufmann
Wohnung: Hannover, Andertensche Wiese 2

Das Kaufhaus Sternheim & Emanuel vor dem Ersten Weltkrieg an der Ecke Große Packhof- / Osterstraße. Am rechten Bildrand ist ein Teil von dem jüdischen Bekleidungshaus Elsbach und Frank zu sehen.

331
WOLFES, SIEGFRIED (Jg. 1908), Kaufmann
Wohnung: Hannover, Zeppelinstraße 2
Geschäft: Bank- u. Getreidegeschäft Gebrüder Wolfes
Hannover, Prinzenstraße 18
Inhaber: Siegfried Wolfes
Beteiligte: Prokuristen Ewald Fahnenschild, Kurt Mendel, Erich Meininger, Dr. Joachim Schendel

332
ERLE, HANS (Jg. 1899), Kaufmann
Wohnung: Hannover, Waldstraße 6 [vgl. auch Haft-Nr. 333]

333
ERLE, GEDI (Gadiel) (Jg. 1869), Kaufmann
Wohnung: Hannover, Waldstraße 6
Geschäft: Getreidehandlung Gadiel Erle
Hannover, Waldstraße 6

334
BERNSTEIN, ARTHUR (Jg. 1878),
Konzertdirektor / Konzertagent
Wohnung: Hannover, Schleidenstraße 1 (Erdgeschoss)
Bemerkungen: Mitglied des Reichsverbandes Jüdischer Kulturbünde in Deutschland.
Konzert- und Theater-Direktion Arthur Bernstein

Aussage von Mary Strauß, geborene Dietrich (Jg. 1896), als Ehefrau eines jüdischen Mannes über ihre Beobachtungen in der Pogromnacht vor der Staatsanwaltschaft Hannover im Verfahren wegen Verbrechen gegen die Menschlichkeit gegen den Kaufmann Richard Sander am 19. September 1947: „In der Nacht, in der die jüdischen Geschäfte zerstört wurden, sind wir von dem Klirren der Scheiben aufgewacht. Wir hatten damals unser Geschäft [Gardinenhandlung Georg Strauß] und unsere Wohnung in der Großen Packhofstraße 35, im Hause Langerfeld. Das Geschäft war im 1. Stockwerk, die Wohnung im 3. Stock. [...] Als ich in das Geschäft herunterkam, konnte ich feststellen, dass bei uns noch alles in Ordnung war, ich nahm die Kasse an mich und beobachtete dann vom Fenster aus die Straße. [...] Bei meinen Beobachtungen stellte ich zunächst fest, dass eine Reihe von Männern in – man kann sagen ‚Räuberzivil' – also Uniformteile mit Zivilanzügen vermischt, mit langen Eisenstangen die Schaufensterscheiben einschlugen. Die zahlreichen jüdischen Geschäfte in unserer Gegend wie Salamander, Mercedes, Tack, Hirschfeld, Sternheim, Goldschmidt waren z.T. bereits zerstört. Während ich meine Beobachtungen machte, kam von der Georgstraße ein geschlossener Personenkraftwagen, dem zwei SS-Männer in Uniform entstiegen, als der Wagen direkt vor unserem Haus hielt, etwa an der Ecke Heiligerstraße. In dem Schein der großen Straßenlaternen, Bogenlampen, die die Straße vollkommen beleuchteten, erkannte ich in den beiden ausgestiegenen SS-Männern den Hutkaufmann Göbelhoff und den Uhrenkaufmann Sander. Sie sprachen mit den dort die Zerstörung durchführenden Männern, zeigten nach verschiedenen Richtungen, gingen hin und her, sahen sich die Zerstörungen an und stiegen nach etwa 5 Minuten wieder ein. Was dort unten gesprochen wurde, habe ich nicht hören können. Nachdem sie wieder eingestiegen waren, ist der Pkw nach der Georgstraße zu rückwärts wieder weggefahren. Ich nehme an, dass der Wagen deshalb rückwärts gefahren ist, weil die Straße weithin mit Glassplittern übersät war."
[NLA - HStAH , Nds. 721 Hannover Acc. 61/81 Nr. 15/1, Bll. 200r-201r]

(Weitere) Zerstörte jüdische Wohnungen, deren Inhaber nicht verhaftet wurden

ADLER, JAKOB, Schlosser

Wohnung: Hannover, Calenbergerstr 18

Art der Zerstörung? Das Mobiliar ist teilweise zertrümmert; Mobiliar zerstört? Ja, z.T.; Wann kann die Wohnung wieder benutzt werden? Adler wohnt in der Wohnung [NLA - HStAH Hann. 87 Hannover, Nr. 258, Bl. 39v]

BEER, ADOLF (Jg. 1891)

Wohnung: Hannover, Theodorstr. 5

Art der Zerstörung? Beschädigt sind nur die Glasscheiben an der Haustür und am Wohnzimmer. Vermisst werden diverse Möbelstücke, Gebrauchsgegenstände, Stoff für ca. 25 Herrenanzüge, 3 Pferde, Decken, Pferdegeschirre, Kraftfahrzeug usw.; Mobiliar zerstört? Ja, z.T. [NLA - HStAH Hann. 87 Hannover, Nr. 258, Bl. 45r]

BLUMENFELD, JULIUS

Wohnung: Hannover, Schmiedestr. 17

Art der Zerstörung? Einschlagen der Tür und Fenster. Zerschlagen der Einrichtung; Mobiliar zerstört? ja; Wann kann die Wohnung wieder benutzt werden? Wird vom Inhaber weiter benutzt; Wo wohnen die bisherigen Inhaber der Wohnungen jetzt? [02.12.1938]In der alten Wohnung [NLA - HStAH Hann. 87 Hannover, Nr. 258, Bl. 39r]

COHN, SAMUEL

Wohnung: Hannover, Buchenplan 2

Art der Zerstörung? Es wurden beschädigt: 1 Kredenz (Glasscheibe und Gläser zertrümmert), 1 Bild, 1 Radioapparat (Röhren entzwei); Mobiliar zerstört? Ja; Wann kann die Wohnung wieder benutzt werden? Die Wohnung wurde nicht beschädigt; Wo wohnen die bisherigen Inhaber der Wohnungen jetzt? [02.12.1938]Cohn wohnt noch Buchenplan 2 [NLA - HStAH Hann. 87 Hannover, Nr. 258, Bl. 48r]

CYNAMON, WOLF, Kaufmann

Wohnung: Hannover, Calenberger Str. 26

Art der Zerstörung? Das Mobiliar ist teilweise zertrümmert; Mobiliar zerstört? Ja, z.T.; Wann kann die Wohnung wieder benutzt werden? Die Wohnung kann in Gebrauch genommen werden; Wo wohnen die bisherigen Inhaber der Wohnungen jetzt? [02.12.1938] Cynamon, seine Frau und zwei Kinder sind am 28.10. nach Polen abgeschoben. Ein Sohn befindet sich noch in Hannover, wohnt aber nicht in der Wohnung. [NLA - HStAH Hann. 87 Hannover, Nr. 258, Bl. 41r]

GOLDSCHMIDT, HANS, Pferdehändler

Wohnung: Hannover, Blumenauerstr. 18

Art der Zerstörung? Im Hause Goldschmidt sind die Vorplatztür und die Einrichtungsgegenstände in zwei Zimmern u.a. 7 Scheiben und 1 Spiegel eingeschlagen, 1 Ofen, 1 Wandbrunnen, Bilder und Möbel beschädigt und Porzellan und Kristall zerschlagen. Außerdem wurden bei Goldschmidt beschlagnahmt und mitgenommen: 2 Kutschwagen, etwa 10 Pferdegeschirre, 4 Leitseile, 1 Gummischlauch, 3 Decken, 3 Gurte, Grepen und Schaufeln; Mobiliar zerstört? Ja; Wann kann die Wohnung wieder benutzt werden? Die Instandsetzung des Mobiliars erfolgte auf die Veranlassung des Goldschmidt am Tage nach der Beschädigung; Wo wohnen die bisherigen Inhaber der Wohnungen jetzt? [02.12.1938]Goldschmidt bewohnt sein Grundstück nach wie vor und war auch nicht ausgezogen [NLA - HStAH Hann. 87 Hannover, Nr. 258, Bl. 42r]

GUMPEL, JULIUS, Kommerzienrat

Wohnung: Hannover, Corvinusstr. 5 B

Art der Zerstörung? Zerstörung der Wohnung u. Zerschlagen des Mobiliars; Mobiliar zerstört? Ja; Wann kann die Wohnung wieder benutzt werden? Nach Beseitigung der Schäden; Wo wohnen die bisherigen Inhaber der Wohnungen jetzt? [02.12.1938] Berlin-Charlottenburg, Giesebrechtstr. 20 [NLA - HStAH Hann. 87 Hannover, Nr. 258, Bl. 39r]

39

S.Ak.I. Hannover, den 2.Dezember 1938.

81

S.

Betr.: Zerstörte jüdische Wohnungen.

Bez.: Fernspruch des Kommandos vom 3o.November 1938.

Lage:	Mieter oder Eigentümer?	Anzahl der Zimmer?	Art der Zerstörung?	Mobilar zerstört?	Wann kann die Wohnung wieder benutzt werden?	Wo wohnen die bisherigen Inhaber der Wohnungen jetzt?
Schmiedestr. 17.	Julius Blumenfeld. Mieter.	3	Einschlagen der Tür und Fenster. Zerschlagen der Einrichtung.	ja	Wird vom Inhaber weiter benutzt.	In der alten Wohnung.
Schmiedestr. 17	Hirsch Wadler. Mieter.	3	Umstürzen der Möbel und Zerschlagen von Spiegel. Entwendung eines Radiogerätes.	ja	Wird vom Inhaber weiter benutzt.	In der alten Wohnung.
Steintorstr. 12.	Bernhard Unger. Mieter.	4	Fensterscheiben u. Wohnungseinrichtung zerschlagen.	ja	War nicht festzustellen.	Aufenthalt unbekannt.
Georgstr. 48	Sallinger. Mieter.	4	Zerschlagen der Einrichtung.	ja	Wird vom Inhaber weiter benutzt.	In der alten Wohnung.
Hohenzollernstr. 44.	August Weinberg. Eigent.	4	Zerstörung der Wohnung u. Zerschlagen von Mobilar.	ja	Wird von der Ehefrau weiter benutzt.	In der alten Wohnung.
Schellingstr. 3	Salo Braunsberg. Eigent.	1o	Zerschlagen der Einrichtung.	ja	Wird vom Inhaber weiter benutzt.	In der alten Wohnung.
Fichtestr. 8	Louis Levi. Eigent.	7	Zerschlagen derEinrichtung.	ja	Wird vom Inhaber weiter benutzt.	In der alten Wohnung.
Corvinusstr. 5 B.	Julius Gumpel. Eigent. Sohn Kurt Gumpel, Paris.	6	Zerstörung der Wohnung u. Zerschlagen des Mobilars.	ja.	Nach Beseitigung der Schäden.	Berlin-Charlottenburg, Giesebrechtstr. 2o.

HIRSCH, WADLER

Wohnung: Hannover, Schmiedestr. 17

Art der Zerstörung? Umstürzen der Möbel und Zerschlagen der Spiegel. Entwendung eines Radiogerätes; Mobiliar zerstört? Ja; Wann kann die Wohnung wieder benutzt werden? Wird vom Inhaber weiter benutzt; Wo wohnen die bisherigen Inhaber der Wohnungen jetzt? [02.12.1938]In der alten Wohnung [NLA - HStAH Hann. 87 Hannover, Nr. 258, Bl. 39r]

LEBENBAUM, HERMANN

Wohnung: Hannover, Buchenplan 7

Art der Zerstörung? Das gesamte Mobiliar ist zertrümmert worden. Außerdem wurden 2 Fensterscheiben zerschlagen; Mobiliar zerstört? Ja; Wann kann die Wohnung wieder benutzt werden? Die Wohnung ist nach 8 Tagen an einen Wehrmachtsangehörigen vermietet worden; Wo wohnen die bisherigen Inhaber der Wohnungen jetzt? [02.12.1938] Lebenbaum wohnt jetzt Josephstr. 22 bei Sally Lebenbaum [NLA - HStAH Hann. 87 Hannover, Nr. 258, Bl. 48r]

LIEBECK, HERMANN (Jg. 1878)

Wohnung: Hannover, Körnerstr. 24

Art der Zerstörung? Zertrümmert wurde nur das Glas am Bücherschrank, ein Bild und eine Figur; Mobiliar zerstört? Ja [NLA - HStAH Hann. 87 Hannover, Nr. 258, Bl. 45r]

LÖWENSTEIN, JOSEPH, DR. MED.,

Facharzt für Nerven- und Gemütskrankheiten

Wohnung: Hannover, Seelhorststr. 28

Art der Zerstörung? Wohnung und Einrichtung teilweise zerstört; Mobiliar zerstört? Ja; Wann kann die Wohnung wieder benutzt werden? Wird von Löwenstein weiter benutzt; Wo wohnen die bisherigen Inhaber der Wohnungen jetzt? [02.12.1938]In der alten Wohnung [NLA - HStAH Hann. 87 Hannover, Nr. 258, Bl. 39v]

MEYER, ERNST, Platzwart Tennisverein 1934

Wohnung: Hannover, Werner-Tischer-Str. 38 [Gehägestraße]

Art der Zerstörung? Es wurde das Mobiliar zum Teil zertrümmert, sowie die sämtlichen Fensterscheiben zertrümmert, Die neben den Tennisplätzen aufgebauten Umkleideräume wurden verbrannt; Mobiliar zerstört? Ja; Wann kann die Wohnung wieder benutzt werden? Die Wohnung des Meyer sowie die Klubräume sind von dem Hauswirt Mösenthin an die Ortsgruppe Groß Buchholz und an die SA vermietet worden; Wo wohnen die bisherigen Inhaber der Wohnungen jetzt? [02.12.1938] Meyer hat die ihm noch gehörenden Sachen am 28.11.38 abgeholt. Seine neue Wohnung ist noch nicht gemeldet [NLA - HStAH Hann. 87 Hannover, Nr. 258, Bl. 48r]

MONTAG, JOHN, Porzellanwarenkaufmann

Wohnung: Hannover, Hausmannstr. 5

Art der Zerstörung? Mobiliar und Gebrauchsgegenstände sind zum Teil zerstört [NLA - HStAH Hann. 87 Hannover, Nr. 258, Bl. 44r]

PHILIPP, JULIUS

Wohnung: Hannover, Hausmannstr. 5

Art der Zerstörung? Mobiliar und Gebrauchsgegenstände sind zum Teil zerstört. Die Beschädigungen sind leichter Art [NLA - HStAH Hann. 87 Hannover, Nr. 258, Bl. 44r]

PROBSTEIN, IZAAK, Kaufmann

Wohnung: Hannover, Wagenerstr. 1

Art der Zerstörung? Das Mobiliar ist teilweise zertrümmert; Mobiliar zerstört? Ja, z.T.; Wann kann die Wohnung wieder benutzt werden? Die Wohnung selbst kann in Gebrauch genommen werden; Wo wohnen die bisherigen Inhaber der Wohnungen jetzt? [02.12.1938] Probstein und seine Frau sind am 28.10. ds. J. nach Polen abgeschoben [NLA - HStAH Hann. 87 Hannover, Nr. 258, Bl. 41r]

SOLLINGER, S.

Wohnung: Hannover, Georgstr. 48

Art der Zerstörung? Zerschlagen der Einrichtung; Mobiliar zerstört? Ja; Wann kann die Wohnung wieder benutzt werden? Wird vom Inhaber weiter benutzt; Wo wohnen die bisherigen Inhaber der Wohnungen jetzt? [02.12.1938] War nicht festzustellen [NLA - HStAH Hann. 87 Hannover, Nr. 258, Bl. 39r]

Erste Seite einer aus den Berichten der Polizeireviere zusammengestellten Liste, in der die Zerstörung und Wiederbewohnbarkeit jüdischer Wohnungen aufgeführt sind.

Das „Fachgeschäft für gute Herrenkleidung" Ermann & Co. in der Steintorstraße 10 wurde am 10. November 1938 während des Pogroms zerstört, ohne dass sich davon in den erhaltenen Akten eine Spur finden lässt. Da die polizeiliche Liste der betroffenen Geschäfte aber nicht mehr vorhanden ist, trifft diese Aussage mit Sicherheit noch auf weitere Geschäfte zu.

STORCH, BARUCH, Altwarenhändler
Wohnung: Hannover, Hausmannstr. 5
Art der Zerstörung? Die Gebrauchsgegenstände sind vollständig zertrümmert, das Mobiliar ist nur zum Teil beschädigt; Mobiliar zerstört? z.T. [NLA - HStAH Hann. 87 Hannover, Nr. 258, Bl. 44r]

TAGER, PERETZ, Herrenkleiderfabrikant
Wohnung: Hannover, Escherstr. 23
Art der Zerstörung? Zerstörungen sind nicht vorgekommen, jedoch werden Silberbestecke und goldene Uhren vermisst; Mobiliar zerstört? Nein; Wann kann die Wohnung wieder benutzt werden? Die Wohnung wird von der Tochter Paula Brand, geb. Tager, bewohnt; Wo wohnen die bisherigen Inhaber der Wohnungen jetzt? [02.12.1938] Das Ehepaar Tage ist polnischer Staatsangehörigkeit und wurde am 28.10.38 nach Polen abgeschoben [NLA - HStAH Hann. 87 Hannover, Nr. 258, Bl. 44r]

UNGER, BERNHARD, Kaufmann
Wohnung: Hannover, Steintorstr. 12
Art der Zerstörung? Fensterscheiben und Wohnungseinrichtung zerschlagen; Mobiliar zerstört? Ja; Wann kann die Wohnung wieder benutzt werden? War nicht festzustellen; Wo wohnen die bisherigen Inhaber der Wohnungen jetzt? [02.12.1938] Aufenthalt unbekannt [NLA - HStAH Hann. 87 Hannover, Nr. 258]

Der Inhaber von Ermann & Co., Paul Cohn, lebte in gefährlicher Nachbarschaft neben dem lokalen SS-Hauptquartier am Horst-Wessel-Platz (Königsworther Platz).
Von links: Nr.3, Nr. 2A - Wohnhaus Cohn, Nr.2 - SS-Hauptquartier.
Postkarte Mitte der 1930er-Jahre.

Der Judentempel in Hannover

war einmal.

Nov. 1938

„DER JUDENTEMPEL IN HANNOVER WAR EINMAL"

HANNOVERANER KNIPSEN DEN POGROM

Werner Heine

Am Morgen des 10. November 1938 steht der hannoversche Arzt Dr. Ulrich G. (Name geändert) mit seiner Contax-Kleinbildkamera in der Roten Reihe nahe der Neustädter Kirche und hält in einer eindrucksvollen Bildserie die erste Sprengung der zuvor von der SS niedergebrannten Synagoge an der Bergstraße fest. Kaum werden die ersten Rauchwolken sichtbar, drückt ein anderer Fotoamateur, Karl-Heinz Lückel - ebenfalls Augenzeuge des Geschehens -, auf den Auslöser, während Erich Boedecker, Architekt in Hannover-Badenstedt seine wenige Tage später aufgenommenen Schnappschüsse der Synagogenruine auf ein Blatt seines Fotoalbums klebt und mit der Bildunterschrift „Der Judentempel in Hannover war einmal" versieht. Boedeker hatte zuvor in seinem Tagebuch festgehalten:
„...der architektonisch schöne Bau liegt in Trümmern, die Kuppel ist eingestürzt, die leeren Fensterhöhlen der Westfassade schauen gegen den Himmel. Abends tagte unser Stammtisch ehemaliger Mitschüler im Thüringer Hof und nahm dies Ereignis als lebhaftes Debattenthema vor."

Aus dem Fotoalbum von Erich Boedecker, Hannover-Badenstedt.

Am Morgen des 10. November hielt Karl-Heinz Lückel die erste Sprengung der Synagogenruine fest.

Diese hier beschriebenen Fotos von privater Hand - weitere Belege haben sich in den vergangenen Jahren angefunden – verdeutlichen eindrucksvoll, dass sich die Demütigung, Ausgrenzung, Zerstörung und Vernichtung jüdischer Menschen und ihrer Besitztümer während des Nationalsozialismus öffentlich „vor aller Augen" abgespielt hat und häufiger als bisher bekannt, trotz herrschender Fotografierverbote von Fotoamateuren wahrgenommen und festgehalten worden ist. Vor allem die Forschungen von Timm Starl und einer Arbeitsgruppe der Berliner Gedenkstätte „Topografie des Terrors" haben die Sicht auf einen Bestand an Bildquellen eröffnet, der bisher kaum beachtet worden war: die Bilder der so genannten „Knipser".

An dieser Stelle soll exemplarisch der fotografische Nachlass des Amateurfotografen Ulrich G., dem wir eine Serie beeindruckender Fotos der zerstörten Synagoge an der Bergstraße verdanken, kurz vorgestellt werden. Dieser Nachlass tauchte vor einigen Jahren auf dem Sperrmüll auf und ist bisher nur teilweise ausgewertet und publiziert worden.

Der Blick in das Innere der gesprengten Synagoge zeigt das Ausmaß der Zerstörung. Vergleichbare Innenaufnahmen sind bisher nicht bekannt.

Dr. Ulrich G., Jahrgang 1899, lebt seit den frühen 1920er Jahren als praktischer Arzt und Geburtshelfer in Hannover. Er ist verheiratet und hat zwei Kinder. Die Tochter wird 1930, der Sohn 1933 geboren. Die ärztliche Praxis am Groß-Buchholzer Kirchweg sichert ein gutes Einkommen und gewährleistet einen gehobenen bürgerlichen Lebensstil. Bereits im Jahre 1931 erwirbt G. eine Contax-Kleinbildkamera für 36 Aufnahmen auf perforiertem Film in einer Breite von 35 mm. Mit ihr begann der Siegeszug der modernen Kleinbildfotografie. Eine Contax gehörte in dieser Zeit ebenso wie die legendäre Leica zur Standardausrüstung aller modernen Fotoreporter und ermöglichte bei der Motivsuche eine zuvor nie erlebte Beweglichkeit und spontane Einsatzbereitschaft. Mit dieser Kamera hält G. Alltags- und Festtagsereignisse, familiäre wie öffentliche, im Bild fest. Groß ist die Zahl der überlieferten Fotos von politischen Aktionen, Aufmärschen und Kundgebungen der NSDAP und ihrer Organisationen in Hannover. Er wird selbst Parteimitglied im April 1933,„aus freien Stücken, um die Not der arbeitslosen Volksgenossen zu lindern", wie er nach dem Krieg in einem Rechenschaftsbericht erklärt. Als Arzt stellt er sich in den Dienst der Partei und bekleidet den Rang eines Sanitäts-Sturmführers in der SA-Standarte 412.

In dieser Funktion wird er auch Augenzeuge des Geschehens am 10. November 1938.

Nachdem der Brand gelöscht ist, beginnen Angehörige der Technischen Nothilfe am frühen Morgen mit der Sprengung der Kuppel der ausgebrannten Synagoge. Im Laufe des Vormittags erfolgen weitere kleinere Sprengungen, die am Nachmittag fortgesetzt

werden. Die Ruine wird durch Barrieren abgesperrt und zusätzlich durch Polizeiposten gesichert. Alle Zugänge zum Synagogenplatz sind durch Schutzpolizei und SA gesperrt; der Verkehr wird umgeleitet. Die anliegenden Häuser nahe der Brandstelle sind bereits von den Bewohnern geräumt und die Fenster geöffnet worden, um das Zerbersten der Scheiben durch die Druckwelle während der Sprengung zu vermeiden.
Eine vielhundertköpfige Menge Schaulustiger drängt sich in der Roten Reihe und den anderen angrenzenden Straßen, darunter Dr. G. mit seiner Kamera. Seine Präsenz in Uniform als Teil des Absperrpersonals ermöglicht ein ungehindertes Fotografieren. Es gelingt ihm über die Köpfe der Passanten hinweg eine bemerkenswerte Serie von acht Aufnahmen, die den Vorgang der Sprengung in verschiedenen Phasen dokumentieren.
Dank seiner Bewachungsaufgabe gelangt er hinter die Sperrgitter und blickt mit seiner Kamera in das zerstörte Innere des Baukörpers. Auf mehreren Fotos erkennt man Fassadendetails und Überreste der Einrichtung.

Das nach dem 10. November aufgenommene Foto mit Blick von der Poststraße auf die gesprengte Synagoge trägt Züge einer ungetrübten Idylle. Wie bei einem Sonntagsspaziergang flanieren die Passanten am zerstörten Gotteshaus vorbei.

Auf dem am 10. November 1938 entstandenen Foto von Ulrich G. sind die Zerstörungen im Konfektionsgeschäft der Gebr. Hirschfeld in der Karmarschstraße genauestens dokumentiert. Siehe auch die zweite Aufnahme auf S. 6.

Ein paar Tage später entsteht ein weiteres Foto aus der Poststraße aufgenommen mit Blick in westlicher Richtung auf die Trümmer der Synagoge, deren Hauptfassade zur Bergstraße hier noch deutlich zu erkennen ist. Im Bildvordergrund Passanten, die, wie bei einem Sonntagsspaziergang ungehindert die Ruine inspizieren, vermitteln den Eindruck einer ungetrübten Idylle. So prägte bis zu ihrem endgültigen Abbruch die zerstörte Synagoge das Bild der Calenberger Neustadt und lockte zahlreiche Neugierige an. Die Beseitigung der Trümmer zog sich bis in den Januar des Jahres 1939 hin.

Vermutlich aus einem fahrenden Auto heraus hat Dr. G. eine von den SS-Kommandos im Laufe des 10. November zerstörte Ladenfassade in zwei beeindruckenden Aufnahmen festgehalten. Sie gehören zu den wenigen bekannten Bilddokumenten von nationalsozialistischen Gewalttaten gegen jüdische Geschäftshäuser in Hannover. Eine Anzahl Straßenpassanten steht dicht gedrängt vor dem Konfektionshaus der Gebrüder Hirschfeld und blickt neugierig in die Schaufenster, die zuvor zerschlagen und ausgeplündert worden sind. Das Glas ist zersplittert, die Schaufensterpuppen demoliert. Viele Menschen stehen stumm davor, andere diskutieren das Geschehene, wenige wenden sich amüsiert ab. Die Geschäftsräume der Firma Hirschfeld lagen in der Karmarschstraße 9-11, direkt an einer Straßenbahnhaltestelle. Unmittelbar nach der Reichskristallnacht wird das jüdische Unternehmen dann „arisiert", bereits im Januar 1939 werden die Geschäfte unter dem neuen Besitzernamen Heutelbeck weitergeführt. Die Firma Heutelbeck bestand an gleicher Stelle bis zum Jahre 2008.

Der fotografische Nachlass von Ulrich G. enthält ungefähr 6000 Negative, vor allem mit Szenen aus seinem Familienleben, darunter aber auch 1000 Motive aus dem hannoverschen Stadtbild und umfasst den Zeitraum zwischen 1931 und 1955. Ursprünglich nicht für die öffentliche Wahrnehmung gedacht, gestatten die überlieferten Bilder in ihrer Gesamtschau einen Blick auf das Leben einer bürgerlichen Familie im Hannover der ersten Hälfte des 20. Jahrhunderts. Wesentliche Teile dieses Fotobestandes, den der Zufall zutage gefördert hat und der vor der Vernichtung bewahrt werden konnte, bedürfen noch einer detaillierten Auswertung.

Am Morgen des 10. November 1938 fotografiert Ulrich G. über die Köpfe der Passanten hinweg die Sprengung der Synagoge. Aus einer Serie von kurz nacheinander aufgenommenen Bildern werden hier und auf den folgenden beiden Seiten drei Phasen der Sprengung dokumentiert.

Literatur:

Hesse, Klaus; Springer, Philipp: Vor aller Augen. Fotodokumente des nationalsozialistischen Terrors in der Provinz. Essen 2002

Heine, Werner: Hannover. Stadtbild und Leben 1933-1938. Gudensberg-Gleichen 2001

Starl, Timm: Knipser. Die Bildgeschichte der privaten Fotografie in Deutschland und Österreich von 1880 bis 1980. München 1995

Blick auf die Rückseite der Reste
des Seiteneingangs in Richtung
Neustädter Kirche.

Der Haupteing
Abspe

ALS DIE THORAROLLEN VOR DER PATTENSER SYNAGOGE BRANNTEN

DER NOVEMBERPOGROM IN EINER LÄNDLICHEN KLEINSTADT VOR DEN TOREN HANNOVERS

Christian Stichternath

Nur ein schlichter grauer Gedenkstein, eingelassen in ein Backsteinmäuerchen an der Hofstraße, erinnert heute noch an die gewaltsame Zerstörung der Pattenser Synagoge. Zwischen Sparkasse und Ratskeller, wo inzwischen Autos parken, stand einst das im Februar 1858 errichtete Gebets- und Schulhaus der jüdischen Gemeinde.

Am Morgen des 10. November 1938 wurde es verwüstet. An diesem Tag fanden die Ausschreitungen gegen die Pattenser Einwohner jüdischen Glaubens als Teil der reichsweiten Pogrome ihren Höhepunkt.

Gedenkstein für die zerstörte Pattenser Synagoge. Foto: Dirk Anders, 2008

Schmiedegesellen und Parteigenossen wüteten im Gebetshaus

Ein ehemaliger Pattenser Landwirt, der Augenzeuge der Vorfälle war, berichtete im Oktober 1998 in einem Interview über die Ereignisse:

„Als ich gehört habe, dass die Scheiben der Pattenser Synagoge eingeworfen werden, habe ich mich vom Feld sofort auf den Rückweg gemacht. Ich befürchtete, dass auch bei uns zu Hause etwas passieren könnte. Denn es war bekannt, dass wir ein gutes Verhältnis zu unseren jüdischen Nachbarn hatten. Ich wurde deshalb bereits öfter als ‚Judenknecht' beschimpft.

Kaum hatte ich unseren Hof erreicht, kam mir schon meine Mutter entgegen. ‚Die haben die Schürmanns weggeholt', berichtete sie mit aufgeregter Stimme. Ich bin dann gleich zur Synagoge gelaufen. Als ich die Dammstraße erreicht hatte, hörte ich das Klirren von Scheiben. Eine Frau stand mit ihrer Kamera unmittelbar neben der St. Lucas Kirche an ihrem geöffneten Fenster. Einen Bekannten, der ihr etwas zurief, keifte sie nur an: ‚Ich habe jetzt keine Zeit, ich muss die Juden fotografieren'.

Vor der Synagoge in der Hofstraße brannte auf zwei großen Haufen bereits Mobiliar. Auf dem Kopfsteinpflaster waren die Schriftrollen mit dem Alten Testament ausgerollt. Parteigenossen zwangen einige jüdische Männer, darunter waren auch unsere Nachbarn, über die Rolle zu laufen. Sie mussten immer wieder Stücke herausreißen und ins Feuer werfen. Dazu mussten sie rufen: ‚Ich übergebe dich dem Feuer!'

In der Synagoge wütete die Belegschaft einer Schmiede aus der Südstraße. Die Schmiedegesellen hatten sämtliche Scheiben eingeschlagen. Türen, Fenster und das Mobiliar

Rabbiner und Lehrer Jacob Apt in der Pattenser Synagoge um 1933. Dies ist die einzige Innenaufnahme der Synagoge.

warfen sie einfach auf die Straße. Dort wurde alles verbrannt. Der damalige Landrat von Marienburg/Hannover, später auch des Kreises Hildesheim, Albert Schneider, war der Rädelsführer der Ausschreitungen. Er war gebürtiger Pattenser. Bereits während mehrerer Kundgebungen auf dem Pattenser Marktplatz hatte er seine Hasstiraden gegen die Juden losgelassen. Ich habe dann erfahren, dass Schneider den Pattensern am Morgen wutschnaubend vorgeworfen hatte, nichts unternommen zu haben. Denn die Synagoge war in der vorhergehenden Nacht nicht wie andernorts zerstört worden. Diese Kritik wollten wohl einige örtliche Parteigrößen und die Belegschaft der Schmiede nicht auf sich sitzen lassen. Sie sind daraufhin zur Synagoge gezogen und haben sie zerstört."

Das dass Pattenser Gebetshaus selbst nicht wie vielerorts in Brand gesteckt wurde, war nur dem Umstand der engen Altstadtbebauung zu verdanken. Da ein Wohngebäude, das zum Gut des Freiherren von Knigge gehörte, unmittelbar an die Synagoge angrenzte, schien den Tätern die Gefahr wohl zu groß, dass die Flammen übergreifen konnten.

Diese acht Pattenser Männer wurden während der Pogrome in Schutzhaft genommen:

Wilhelm Elias
43 Jahre, Schlachter

Emil Hirschberg
59 Jahre, Arbeiter

Otto Lüder
29 Jahre, Arbeiter

Alfred Moses
42 Jahre, Schlachter

Albert Schürmann
55 Jahre, Schlachter

Walter Schürmann
17 Jahre, Autoschlosser

Harry Wertheim
55 Jahre, Bürstenmachermeister

Kurt Wertheim
24 Jahre

Der Elektrotechniker Albert Neufeld, der bereits im Dezember 1937 mit seiner Familie von Pattensen nach Hannover verzogen war und der 28-jährige Schlachter Oskar Hirschberg sind ebenfalls in den Haftlisten zu finden.

Auch die Fenster der Häuser, in denen Juden lebten, wurden mit Steinen eingeworfen. Auf dem alten jüdischen Friedhof Auf den Lehmkuhlen und dem neuen an der Göttinger Straße wurden Grabsteine zerstört oder fortgeschleppt. Der alte Friedhof, der schon seit längerem nach dem Willen der Stadt zur Verschönerung des Ortsbildes weichen sollte, wurde am 9. November geschlossen und kurz darauf eingeebnet.

Pattenser „Aktionsjuden" kommen ins KZ Buchenwald

Mit den Überbegriffen wurden auch acht jüdische Männer aus Pattensen in so genannte Schutzhaft genommen. Mit den anderen 324 in Hannover und Umgebung verhafteten Juden brachten Sicherheitskräfte sie ins hannoversche Polizeigefängnis in der Waterloostraße sowie in die Turnhalle der ehemaligen Kriegsschule.

Am 11. November, um 6.15 Uhr in der Frühe mussten dann 275 der in Schutzhaft Genommenen, bewacht von Polizisten, zum Hauptbahnhof marschieren. Dort wartete schon ein Zug auf sie, der sie in das Konzentrationslager Buchenwald transportieren sollte. Die vorhandenen Quellen geben keinen Auf-

Sophie und Albert Neufeld um 1930. Beide verzogen 1937 nach Hannover und wurden 1941 nach Riga deportiert.

schluss, ob alle der aus Pattensen stammenden Männer unter diesen als „Aktionsjuden" bezeichneten Häftlingen waren. Da berichtet wird, dass am 12. November jüdische Männer in Pattensen die Zerstörungen des Pogroms beseitigen mussten, ist nicht auszuschließen, dass unter ihnen auch zunächst Inhaftierte waren. Im völlig überfüllten Konzentrationslager überstanden etliche der Inhaftierten die katastrophalen Lebensbedingungen und Misshandlungen nicht. Die Pattenser Männer kehrten indes wohl alle von Januar 1939 an in ihren Heimatort zurück. Der Vorsitzende der jüdischen Gemeinde, Harry Wertheim, und der Schlachter Alfred Moses sollen sich nach diesen traumatischen Ereignissen beide im Laufe des Jahres 1939 das Leben genommen haben.

Schikanen und Übergriffe trieben jüdische Einwohner schon früh davon

Seit der Wende zum 20. Jahrhundert zählte die jüdische Synagogengemeinde stets mehr als 70 Mitglieder. Erst im Jahr 1925 ging die Zahl auf 59 und durch Abwanderung in die Großstädte bereits 1931 auf 42 zurück. Im Jahr der Pogromnacht leben nur noch 27 Einwohner jüdischen Glaubens in Pattensen.

Viele jüdische Familien waren seit mehreren Generationen in der Kleinstadt verwurzelt.
Die Synagogengemeinde prägte neben der evangelischen St. Lucas-Gemeinde das Leben in Pattensen mit, wie berichtet wird. Ein Zeitzeuge äußert sich zur Teilhabe so: „Die Juden lebten seit Generationen hier in Pattensen, waren Handwerker und Viehhändler, sie kegelten und turnten oder sangen mit den anderen Bürgern in den Pattenser Vereinen. Sie wurden Soldaten wie die anderen Staatsbürger des Deutschen Reiches."
Auch in der Feuerwehr und im Kriegerverein waren die jüdischen Männer stark und teilweise sogar in führenden Positionen vertreten.

Harry Wertheim (obere Reihe, 3. von links) im Kreise der freiwilligen Feuerwehr vor 1914.

Die Pattenser jüdischen Glaubens lebten zumeist mitten in der Kernstadt, in unmittelbarer Nachbarschaft mit ihren christlichen Mitbürgern. Viele gingen einem selbstständigen Erwerb nach. Unter ihnen dominierte der Beruf des Schlachters und des Viehhändlers, aber auch selbstständige Kaufleute und Handwerker wie Bürstenmacher und Autoschlosser waren unter ihnen zu finden. Für bedürftige

Südstrasse

Göttingerstrasse und Haltestelle der Strassenbahn

Manufaktur- und Kolonialwaren-Geschäft von Leopold Ja

Gruss aus Pattensen.

Mitglieder der jüdischen Gemeinde setzten sich zwei 1890 gegründete Vereine ein. In der jüdischen Schule wurden bis 1930 die Kinder der Gemeindemitglieder wie an einer Volksschule unterrichtet.

Doch bereits bevor die Nationalsozialisten an die Regierung kamen, gab es auch in Pattensen erste antisemitische Übergriffe. So marschierten uniformierte Parteigenossen oder SA-Männer im August 1929 zum Haus der Familie Hirschberg und belagerten dies bis in die Nacht. Dabei bewarfen sie zwei Familienmitglieder mit Steinen und zerstörten Fensterscheiben.
In Pattensen war bereits 1925 eine der ersten Ortsgruppe der NSDAP im ehemaligen Landkreis Springe und kurz darauf auch eine Sturmabteilung (SA) gegründet worden.

Mit dem Beginn des NS-Regimes begannen dann gezielte Schikanen und Übergriffe gegen die jüdischen Einwohner. Kinder wurden in der Schule von ihren Mitschülern oder der Hitler- Jugend beschimpft und bespuckt. Auch Lehrer schikanierten die Mädchen und Jungen. In einigen Fällen, wurden an den Wohnhäusern die Scheiben eingeworfen und auch gezielte Steinwürfe auf Menschen kamen vor.
Vor allem den jüdischen Viehhändlern und Schlachtern schlug der Hass ihrer Konkurrenten entgegen. So wurde Gustav Neufeld vor dem Schlachthof in Hannover von einem Pattenser Kollegen mit einem schweren Fleischerwerkzeug niedergeschlagen. Im lokalen Schlachterverband verloren die jüdischen Mitglieder all ihre Rechte.

Die reichsweiten „Judenboykotte", die Propagandaminister Josef Goebbels am 1. April 1933 ausrief, wurden auch der Kolonialwarenladen Blumenthal und das Lebensmittelgeschäft der Geschwister Elias in Pattensen von SA-Posten blockiert. Die Männer jüdischen Glaubens wurden von SS-Männern festgenommen und mussten den ganzen Tag bei der Polizei verbringen. Unter großem Gejohle kehrten sie abends wieder in ihre Häuser zurück.

Nur von Herbert Neufeld ist bekannt, dass er seine Fahrrad- und Elektrowerkstatt vor den später einsetzenden Arisierungen aufgab und im März 1937 in die USA emigrierte.

Weil die Lebenssituation in der ländlich geprägten Kleinstadt Pattensen für die jüdischen Einwohner immer unerträglicher wurde, siedelten allein in den ersten fünf Jahren des Naziregimes mindestens 16 von ihnen in die vermeintliche Anonymität größerer Städte wie Hannover oder Hildesheim über. Da sie aber bei den Sicherheitsbehörden registriert waren, kamen sie auch dort nicht zu Ruhe.

Als im Dezember 1941 die ersten Deportationszüge zu den Ghettos von Riga und Warschau rollten, lebten nur noch elf Einwohner jüdischen Glaubens in Pattensen. Mit der Deportation der 71-jährigen Emilie Schürmann am 20. Juli 1942 in das Ghetto Theresienstadt endete ihre Geschichte und zugleich die der jüdischen Gemeinde in Pattensen.

Quellen/Literatur:

Nds. HStA Hannover: Hann. 87 Nr. 258; Hann. 230 Nr. 889; Hann. 174 Nr. 162 und 202; Hann. 210 acc. 160/98, Nr. 17.

Anders, Dirk: Die jüdische Gemeinde Pattensen und ihr Untergang, Examensarbeit (maschinenschriftlich), Pattensen 1988.

Anders, Dirk und Scheuer, Thomas: Juden in Pattensen, Internetportal www.juden-in-pattensen.de

Obenaus, Herbert (Hg.) u. a: Historisches Handbuch der jüdischen Gemeinden in Niedersachsen und Bremen, Band 2, Göttingen 2005.

Stichternath, Christian: Den Pogromen der Nazis vor 60 Jahren fiel auch die Pattenser Synagoge zum Opfer, in: Hannoversche Allgemeine Zeitung/Leine-Nachrichten, 07.11.1998.

Das Haus der Familie Birkenruth
in der Wallstraße, 1905.
Auf dem Schild heißt es:

„DAS JÜDISCHE GEBETSHAUS WURDE GESCHLOSSEN."

DER NOVEMBERPOGROM 1938 UND DIE VERNICHTUNG DER SYNAGOGENGEMEINDE IN NEUSTADT AM RÜBENBERGE

Hubert Brieden

Am Morgen des 8. November 1938 erschien die Leine-Zeitung mit der Balkenüberschrift „Das jüdische Attentat". In der Kreisstadt Neustadt, in Wunstorf und in den umliegenden Dörfern erfuhren die Menschen, dass es am Vortage in der deutschen Botschaft in Paris einen Anschlag auf den Diplomaten Ernst vom Rath gegeben habe, als Täter sei der „jüdische polnische Staatsangehörige Herschel Seidel Grynszpan festgestellt" worden.[1]

Von den Hintergründen des Anschlags oder den Motiven des Täters erfuhren die Leser und Leserinnen der Leine-Zeitung nichts.
Wie in zahllosen anderen Orten in Deutschland hatte auch die Neustädter NSDAP für den Abend des 9. November zu einer Großveranstaltung zum Gedenken an den gescheiterten Hitlerputsch von 1923 geladen. Unter den Überschrift „Der 9. November in Neustadt a. Rbge" war am Vortage in der Zeitung angekündigt worden: „Die 15. Wiederkehr des 9. November wird morgen abend (sic) im Lüderschen Saale alle Angehörigen der Partei und ihre Gliederungen zu einer feierlichen Gedenkstunde für die Gefallenen der Bewegung vereinen."[2] Sämtliche örtliche Nazigliederungen waren also mobilisiert und ideologisch eingestimmt – die Nachricht vom Tode des deutschen Diplomaten in Paris musste die antijüdische Stimmung zum Kochen bringen. Die mehr oder weniger verhüllten Aufforderungen vorgesetzter Dienststellen, jetzt zur Tat zu schreiten, ließen auch die letzten Hemmungen fallen – was auch geschehen würde, man war „von oben" gedeckt.

Gegen 23.55 Uhr ging bei der Stapo Hannover ein Fernschreiben der Kollegen aus Berlin ein, in dem auf die erwarteten „Aktionen gegen Juden", „insbesondere gegen deren Synagogen" hingewiesen wurde und Vorbereitungen zur Festnahme von 20.000 - 30.000 „vor allem vermögenden Juden" angeordnet wurden.
Wann die Nachrichten vom Tode des deutschen Diplomaten und damit das Signal zum Losschlagen die Parteigenossen in Neustadt erreichten, ist nicht mehr genau festzustellen. Unklar ist auch, ob SA, SS, Hitlerjugend und andere NS-Einheiten nach der Großveranstaltung in Lüders' Saal bereits auseinander gegangen waren oder noch „Gewehr bei Fuß" standen. Vermutlich begann die „Aktion" in Neustadt kurz nach Mitternacht.[3] An das, was jetzt geschah, erinnerten sich Neustädter Zeitzeugen nur ungern. Den meisten fiel es schwer, darüber zu sprechen.

Gasthof Lüders (Nienburger Straße): Ausgangspunkt des Neustädter Pogroms

Der Nazi-Mob brach auf und zog randalierend durch die Straßen. Von einer blindwütigen Aktion kann jedoch nicht die Rede sein. Alle Angriffsziele waren sorgfältig ausgewählt und die Aktion wurde – so ein Zeitzeuge – von einer der Neustädter SA-Größen befehligt.[4] Die gelegentlich verbreitete Behauptung, es habe sich bei den Tätern um auswärtige SA-Leute gehandelt, dürfte nichts weiter als ein Gerücht zum Schutz der beteiligten Neustädter sein – ein Gerücht übrigens, das auch aus anderen Orten bekannt ist.

Mit der Zerstörung des jüdischen Gebetshauses zwischen Windmühlen- und Mittelstraße wollten die Nationalsozialisten das wichtigste Symbol jüdischer Kultur und Identität in Neustadt vernichten. Angriffe auf verbleibende jüdische Gewerbebetriebe zielten auf die Zerstörung der wirtschaftlichen Grundlagen des jüdischen Gemeindelebens und sowohl die Verwüstung von Wohnungen als auch Angriffe auf Personen sollten die letzten jüdischen Menschen aus der Stadt vertreiben. Die Räumung zweier Wohnungen, die noch von jüdischen Familien bei „arischen" Vermietern bewohnt wurden, zielte darüber hinaus auf die Trennung der unerwünschten Minderheit vom Rest der Bevölkerung, auf die Gettoisierung.
Diese Nacht wurde zum Albtraum für vierzehn Menschen, die die Neustädter Nazis und ihre bürokratischen Helfer als „Volljuden" und zwei, die sie als „Judenmischlinge" definiert hatten. Auch Magnus Lehmann, der bei Jenny und Otto Meinrath zu Besuch war, sollte von den Gewalttaten nicht verschont bleiben. Nach dem Pogrom existierte die traditionsreiche jüdische Gemeinde in Neustadt nicht mehr.

Obwohl die Zahl der jüdischen Neustädterinnen und Neustädter seit Mitte des 19. Jahrhunderts kontinuierlich rückläufig war, hatten Stadtverwaltung und NS-Organisationen seit 1933 in verschiedenen Erhebungen und Listen immerhin noch fünfundvierzig jüdische Einwohner in der Stadt Neustadt registriert. In absoluten Zahlen mag das wenig gewesen sein, der prozentuale Anteil der jüdischen Bevölkerung lag jedoch mit fast 1,3 Prozent vergleichsweise hoch.[5] Bis zum November 1938 waren die meisten jüdischen Menschen aus Neustadt geflohen, weil das Leben in der Kleinstadt, wo jeder jeden kannte und wo es unmöglich war sich den alltäglichen Schikanen der Antisemiten zu entziehen, unerträglich geworden war. In Hannover, Bremen, Hamburg oder Amsterdam waren die Überlebensmöglichkeiten zunächst größer.

Auch die ökonomischen Lebensgrundlagen waren in Neustadt bereits weitgehend zerstört. Fast alle jüdischen Geschäftsleute hatten ihre Betriebe bis zum Spätsommer 1938 aufgeben müssen. Übrig geblieben waren lediglich zwei Betriebe: der für die örtliche NS-Führung unbedeutende Altmetallhandel von Moritz Behrens und die Bank von Otto Meinrath. Erst der in der Pogromnacht angewandte offene Terror und die nachfolgenden Maßnahmen gegen jüdische Geschäftsleute zwangen auch sie zum Aufgeben. Von zehn „jüdischen Geschäften" wurden schließlich vier „arisiert" und sechs liquidiert. Die renommiertesten und profitabelsten hatten sich „Arier", meist verdiente Mitglieder von NS-Organisationen, angeeignet – was nicht bedeutet, dass von Betriebsauflösungen niemand seinen Nutzen zog. Lästige Konkurrenten konnten ausgeschaltet, die Kundschaft übernommen und das Vermögen des liquidierten Unternehmens angeeignet werden, wie im Fall der Meinrath-Bank, an der sich das konkurrierende Neustädter Bankhaus Baebenroth bereicherte. Aber vor dem Gewinn stand der Terror...

In der Synagoge wurden sämtliche Fensterscheiben eingeworfen und die Inneneinrichtung vollständig demoliert. Da die Randalierer ein Übergreifen der Flammen auf die benachbarten Fachwerkhäuser befürchteten, verzichteten sie darauf, das Gebäude anzuzünden. Sie deckten stattdessen das Dach ab, damit das Haus durch Witterungseinflüsse ruiniert und eine weitere Nutzung unmöglich würde. Den jüdischen Leichenwagen umwickelten sie mit Thorarollen, schoben ihn die Leinstraße hinunter und stellten ihn zunächst zwischen den Leinebrücken gegenüber dem Haus der Familie Meinrath ab. Ursula Najork, die mit ihrer Familie ganz in der Nähe am anderen Leineufer wohnte, erinnert sich: „Tagsüber stand er so, und wie's dann Abend wurde, da haben sie ihn angesteckt. Wir sind tagsüber da gewesen und abends sind wir dann noch mal hingegangen. Mutter, mein Bruder und ich standen da unter den großen Linden alleine, und Mutter hat gesagt: ‚Kinder, Kinder, das steht schon in der Bibel: Unrecht wird bis ins tausendste Glied gerächt. Hoffentlich habt ihr da mal nicht drunter zu leiden.'"[6]

Nachdem die Antisemiten bei Johanna und Hermann Birkenruth in der Wallstraße ein Schaufenster und verschiedene andere Scheiben zertrümmert hatten, drangen sie in das Haus ein, randalierten in der Wohnung und verhafteten Hermann Birkenruth. Bei der Wohnungsdurchsuchung wurden Sparbücher, Versicherungspapiere und andere Schriftstücke beschlagnahmt.
Darüber hinaus entwendeten die Plünderer alle Wertgegenstände, die sie finden konnten: silberne und goldene Uhren, Schmuck und Besteck – alles, von der silbernen Zuckerzange bis zum silbernen Fingerhut wanderte in die Taschen der beteiligten Nazis.

In diesem inzwischen abgerissenen Haus in der Wallstraße wohnte die Familie Birkenruth. (Aufnahme: 1983).
Heute befindet sich an dieser Stelle ein Sportartikelgeschäft.

Die Plünderungen sollten ein Nachspiel haben: Mit Schreiben vom 16.11.1938 wurde die Neustädter Polizei von der Gestapoleitstelle Hannover angewiesen, „mit allem Nachdruck" dafür zu sorgen, dass die gestohlenen Gegenstände, insbesondere Goldsachen, Edelsteine und sonstige Wertsachen wieder herbeigeschafft

Um ein Übergreifen der Flammen auf die übrigen Fachwerkhäuser zu vermeiden, verzichteten die Antisemiten darauf, das jüdische Gemeindehaus (Pfeil) in der Mittelstraße anzuzünden.
(Das Foto – hier ein Ausschnitt – wurde zu Beginn des 20. Jahrhunderts aufgenommen.)
Erst in den 1950er Jahren wurde das Gebäude abgerissen.

werden." Auch die Parteigliederungen sollten angewiesen werden, so zu verfahren. Der Gestapo ging es jedoch nicht darum, den Opfern ihr Eigentum zurückzugeben. Vielmehr sollten die Wertsachen zu Gunsten des Reiches gesichert werden. Weder sollten sich die Plünderer persönlich bereichern noch sollten die Wertgegenstände irgendwo in der Bürokratie verschwinden. Polizeilich beschlagnahmte Wertsachen sollten gegen Quittung – so wurde ausdrücklich betont – den zuständigen Gestapo-Dienststellen ausgehändigt werden. „Die Polizeibehörden haben sobald als möglich – in übersichtlicher Form und vierfacher Ausfertigung eine Liste aller in ihrem Verwahr befindlichen Gegenstände hierher zu übersenden unter genauer Bezeichnung der Gegenstände, Angabe ihres mutmaßlichen oder – unter Heranziehung zuverlässiger Sachverständiger – geschätzten Wertes, der Eigentümer und beteiligten Täter" heißt es weiter in der Gestapo-Anweisung, die Listen seien gegebenenfalls durch Nachträge laufend zu ergänzen.[7] Anscheinend war es gar nicht so einfach, dieser Anordnung nachzukommen, denn erst am 15.12. erstellte die Neustädter Polizei eine Liste von sichergestellten Gegenständen. Am selben Tag quittierte der inzwischen wieder aus der Haft entlassene Hermann Birkenruth die Rückgabe diverser Gegenstände, deren Wert wohl als zu gering angesehen wurde. Auffallend ist, dass er mehr Gegenstände quittierte, als in der Polizeiliste aufgeführt worden waren. Ob er sie auch tatsächlich ausgehändigt bekam, kann heute nicht mehr geklärt werden.

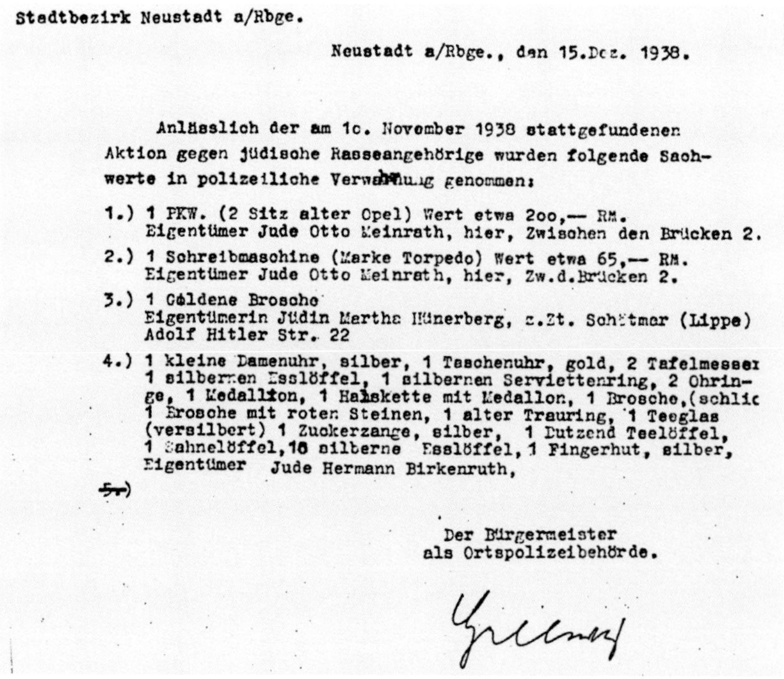
Stadtbezirk Neustadt a/Rbge.

Neustadt a/Rbge., den 15.Dez. 1938.

Anlässlich der am 10. November 1938 stattgefundenen Aktion gegen jüdische Rasseangehörige wurden folgende Sachwerte in polizeiliche Verwahrung genommen:

1.) 1 PKW. (2 Sitz alter Opel) Wert etwa 200,-- RM.
Eigentümer Jude Otto Meinrath, hier, Zwischen den Brücken 2.

2.) 1 Schreibmaschine (Marke Torpedo) Wert etwa 65,-- RM.
Eigentümer Jude Otto Meinrath, hier, Zw.d.Brücken 2.

3.) 1 Goldene Brosche
Eigentümerin Jüdin Martha Hünerberg, z.Zt. Schötmar (Lippe) Adolf Hitler Str. 22

4.) 1 kleine Damenuhr, silber, 1 Taschenuhr, gold, 2 Tafelmesser 1 silbernen Esslöffel, 1 silbernen Serviettenring, 2 Ohringe, 1 Medallion, 1 Halskette mit Medallon, 1 Brosche,(schlic 1 Brosche mit roten Steinen, 1 alter Trauring, 1 Teeglas (versilbert) 1 Zuckerzange, silber, 1 Dutzend Teelöffel, 1 Sahnelöffel,10 silberne Esslöffel,1 Fingerhut, silber, Eigentümer Jude Hermann Birkenruth,

~~5.)~~

Der Bürgermeister
als Ortspolizeibehörde.

Von der Neustädter Polizei erstellte Liste sichergestellter Wertgegenstände [8]

Bei der Durchsuchung des Bankhauses Meinrath wurden Otto Meinrath, der Inhaber der Bank, und Magnus Lehmann verhaftet sowie diverse Gegenstände beschlagnahmt, darunter ein Kaufvertrag, eine Schreibmaschine und sämtliche Geschäftsunterlagen. Die Konten der Bank wurden gesperrt. Noch in der Polizeihaft in Neustadt schrieb Otto Meinrath einen Brief an Bürgermeister Hellwig, in dem er darum bat, zur Erledigung wichtiger Korrespondenz und nicht aufschiebbarer Überweisungen in sein Geschäft gelassen zu werden. Daraus wurde selbstverständlich nichts, denn die Meinrath-Bank sollte endgültig geschlossen werden. Hellwig nahm den Brief zum Anlass, das von der SA beschlagnahmte Material der Polizei übergeben zu lassen und den bereits von der SA mit der Sicherstellung der Geschäftsunterlagen beauftragten Ludwig Pfeifenbring mit der Fortführung der Geschäfte zu betrauen.[9] Pfeifenbring war gleich in mehrfacher Hinsicht für diese Aufgabe qualifiziert: Er hatte sich als Neustädter NS-Aktivist der ersten Stunde hervorgetan und war mittlerweile Stadtrat geworden. Außerdem war er als Prokurist im konkurrierenden Bankhaus Baebenroth tätig. Den Hass auf das „Judentum" konnte er optimal mit eigenen materiellen Interessen verbinden.

Ob auch die Privatwohnung Otto Meinraths geplündert wurde, lässt sich aus den vorhandenen Quellen nicht nachweisen. Weil Juden in Hausgemeinschaften mit „Ariern" nicht mehr geduldet werden sollten, bekamen Martha Hünerberg und ihr jüngster Sohn Kurt, Nienburger Straße 2, sowie Moritz und Johanna Behrens, Rondeel 2, die geballte Wut der Nazis zu spüren. Die Wohnungseinrichtung der Hünerbergs, Wäsche und Vorräte wurden auf die Straße geworfen, große Teile zerstört und gestohlen. Eine Zeitzeugin: „Die Leute haben sich genommen, was sie gebrauchen konnten, ‚schöne Wäsche', mit blauen Schleifen gebunden. Die SA ist darüber wegmaschiert, mit Absicht."[10] Vorher hatten die beteiligten Nazis die Möbel aufgebrochen, durchsucht und alles gestohlen, was ihnen wertvoll genug erschien. Martha Hünerberg listete später auf, was ihr abhanden gekommen war. Sie lebte, da nun wohnungslos, mit ihrem Sohn bei Verwandten.

ABSCHRIFT:

„Schötmar, Lippe, den 28.11.1938
Adolf-Hitlerstr. 22

An die Ortspolizeibehörde der Stadt Neustadt/Rbg

Beim Räumen meiner Wohnung am 10. November in Neustadt a.Rbg. Nienburger Str. 2 ist mir aus einer verschlossenen Waschkommode eine verschlossene Blechkassette abhanden gekommen; in dieser Kassette befanden sich meine Heiratsurkunde, Versicherungsschein unserer Feuer, Diebstahl u. Wasserversicherung (sic), verschiedene Quittungen, eine lange mattgoldene Damenuhrkette, eine goldene Brosche mit Brillant, eine goldene Damenhalskette mit 2 Brillanten, Erbstück von meiner verstorbenen Mutter; außerdem sind 2 goldene Damenringe mit großem gelben ‚Topas' u. ‚Amnethyst' (sic) in ‚lila' abhanden gekommen, eine goldene Brosche mit Perlen, eine goldene Halskette, sowie eine silberne Halskette in filigran Handarbeit; es waren silberne kleine Blüten.
Die leeren Schachteln in welchem sich die Schmucksachen befanden, lagen noch in der Waschkommode; die Packer überreichten mir dieselben am 24. November als die Sachen geholt wurden mit den Worten: damit wir nicht in Verdacht kommen, die Sachen genommen zu haben. – Dann ist abhanden gekommen aus dem verschlossenen Büffetauszug, welcher aufgebrochen wurde, eine Geldbörse mit 50 Mk. u. eine mit 10 Mk.; ferner fand ich meine große Handtasche leer in dem aufgebrochenen Büffet vor; in der Handtasche war meine goldenen Damenuhr mit Lederarmband, zwei Geldbörsen mit 20 Mk; dann 12 Bildchen meines Sohnes mit Frau, Quittungen u.s.w. Außerdem fehlen 1 silberne Herrentaschenuhr, ferner eine silberne Herren-Armbanduhr. Aus dem Schreibtisch sind entwendet worden 2 Füllfederhalter Marke ‚Montblanc', 1 echt silberner Bleistift, Brille u.s.w. Wer die Räumung der Wohnung ausgeführt hat, ist vielleicht der Ortspolizeibehörde bekannt; vielleicht ist auch in Erfahrung zu bringen in wessen Händen sich die Schmucksachen befinden, denn dieselben sind für mich unersetzbar. Ob sich die wertvolle Briefmarkensammlung meines Sohnes mit 5000 Marken noch wiederfindet, sowie mein noch nicht getragener Wintermantel mit Persianerkragen, ein Geschenk meines Sohnes an mich, auch meine ganze Garderobe u. die meines Jungen war noch nicht festzustellen. Alles, was noch da ist befindet sich noch in den Lagerräumen des Spediteurs
Heinrich Weber
Hannover
Hildesheimerstr. 173
Ich bitte die Ortspolizeibehörde nun höfl. doch nachzuforschen wo die aufgeführten Sachen geblieben sind; auch wäre es mir sehr lieb wenn die Ortspolizei sich in Hannover alles ansehen würde z.B. dass aufgeschnittene Inlet

des Federbettes, die aufgebrochene Füllung der verschlossen gewesenen Tür des Schreibtisches u.s.w. Ich bitte höfl. mir das Ergebnis Ihrer Nachforschungen alsdann mitteilen zu wollen u. zeichne

Hochachtend
Frau Martha Hünerberg
z.Z. Schötmar (Lippe)
Adolf-Hitlerstr. 22" [11]

Vermutlich hatte Frau Hünerberg Recht mit der Annahme, der Ortspolizei müsse bekannt sein, wer die Durchsuchung und Räumung durchgeführt habe, denn in Neustadt konnte so etwas kein Geheimnis bleiben. Dennoch: Die Nachforschungen der Polizei – soweit es überhaupt welche gegeben hat – blieben ergebnislos. Lediglich ein Kasten mit verschiedenen Papieren und eine goldene Brillantbrosche konnte Martha Hünerberg am 19.12. gegen Quittung in Empfang nehmen.

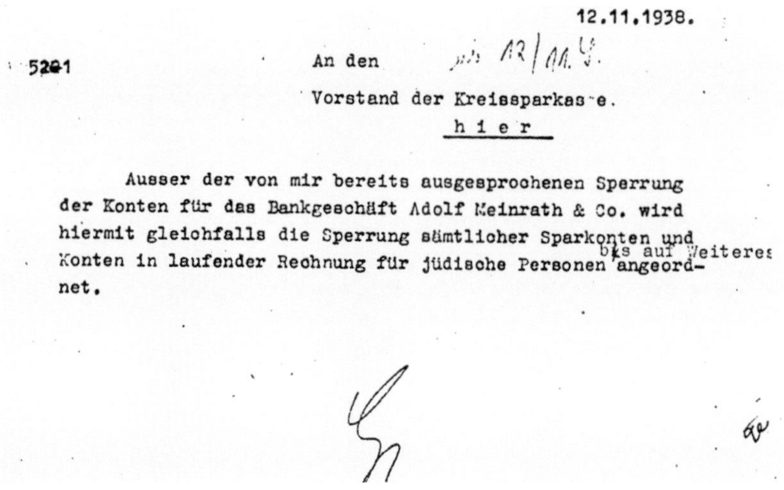

12.11.1938.

5201

An den

Vorstand der Kreissparkasse.
hier

Ausser der von mir bereits ausgesprochenen Sperrung der Konten für das Bankgeschäft Adolf Meinrath & Co. wird hiermit gleichfalls die Sperrung sämtlicher Sparkonten und Konten in laufender Rechnung für jüdische Personen bis auf Weiteres angeordnet.

Anordnung des Neustädter Bürgermeisters an die Kreissparkasse, die Konten jüdischer Personen zu sperren.[13]

Der Rest verschwand in den Taschen der Neustädter Rollkommandos. Eine Neustädter Zeitzeugin erinnert sich noch sehr genau an die Straßenszene vor Martha Hünerbergs geplünderter Wohnung am Tag nach der Pogromnacht: „Die Frau war eine sehr fürsorgliche Hausfrau, die schlachtete noch selber. Sie hatte einen richtigen Schlachtetisch, und sie (die Plünderer, d. Verf.) hatten das ganze Eingemachte und die Vorräte aus dem Keller rausgeholt, auf den Schlachtetisch gelegt, unter den Schlachtetisch, und es war ziemlich warm an dem Tag. Die Butter und das Schmalz schmolzen in der Sonne. Und die Eier, wie damals so üblich in ein Wasserglas eingelegt, standen in der Sonne. Also, das verkam alles. Die fürsorglichen Hausfrauen, die da entlanggingen, drehten die Butter schon mal um, damit sie nicht ganz schmolz und von einer Seite wieder ein bisschen abkühlen konnte. Die waren da durchaus nicht alle einverstanden mit dem, was da getan wurde. Ich kann mich entsinnen, dass etliche Personen sagten, wie kann man so was machen, so was auf die Straße bringen. Die Neustädter waren nicht 100%ig dahinter." [12]
Die Beschlagnahme der Sparbücher brachte Martha Hünerberg, die ohnehin über kein eigenes Einkommen verfügte und von Unterstützungszahlungen gelebt hatte, in ärgste materielle Bedrängnis. Sie war jetzt nicht mehr in der Lage, für ihren Lebensunterhalt und den ihres Sohnes aufzukommen.

Am 22.11. schrieb sie dem Neustädter Bürgermeister: „Verzeihen Sie gütigst, dass ich Sie mit meinem Schreiben belästige! Ich stelle hiermit die höfl. Bitte an Sie, doch zu gestatten, dass mir wöchentlich von der Sparkasse Neustadt Geld zum Lebensunterhalt für meinen Jungen u. mich nach hier überwiesen wird. (...)" [14]
Zwei Tage später beschloss Hellwig, die Sparbücher freizugeben, schließlich sollten Juden für ihren eigenen Lebensunterhalt aufkommen und nicht auch noch der öffentlichen Wohlfahrtspflege zur Last fallen. Dass Hellwig nicht aus humanitären Gründen die Sparbücher freigab, sollte Frau Hünerberg im April 1939 erfahren: Der Bürgermeister stellte ihr den Abtransport der in der Pogromnacht auf

die Straße geworfenen Möbel mit 25,30 RM in Rechnung und drohte bei Nichtzahlung die zwangsweise Einziehung des Betrages an. Frau Hünerberg bezahlte die Rechnung.[15]
Bei Räumung und Plünderung der Wohnung des Ehepaares Behrens wurde das gesamte Mobiliar zerschlagen oder gestohlen und „der alte Herr die Treppe hinunter gestoßen", wie sich eine Zeitzeugin erinnerte.[16] Das hinderte den Neustädter Bürgermeister jedoch nicht daran, ihm ebenfalls den Abtransport der Möbel in Rechnung zu stellen. Moritz Behrens, der jetzt völlig verarmt bei seiner Tochter in Hannover untergekommen war, und dem außerdem bereits seit Jahren jegliche Erwerbstätigkeit verwehrt worden war, bat Hellwig, von der Zahlungsforderung abzusehen. Ob eine Reaktion des Bürgermeisters erfolgte, ist nicht bekannt.

Auch Erich Meinrath, dessen Schlachterei in der Leinstraße längst ‚arisiert' worden war, entging in dieser Schreckensnacht nicht dem Terror der Nazis, er wurde ebenfalls verhaftet. Damit waren vier Personen festgenommen worden, drei alteingesessene Neustädter und ein Auswärtiger. In einer „Nachweisung" des Bürgermeisters wurden ihre Namen aufgelistet.

ABSCHRIFT:

52-1 *18. Nov. 1938*

Nachweisung
der im Ortspolizeibezirk Neustadt a/Rbge.
festgenommen männlichen Juden:

1.) M e i n r a t h, Otto, Bankier,
geboren am 13. August 1900 zu Neustadt a/Rbge.
wohnhaft Neustadt a/Rbge.,
Zwischen den Brücken Nr. 1

2.) M e i n r a t h, Erich,
früher Viehhändler u. Fleischer,
geboren am 19. November 1882 zu Neustadt a/Rbge.
wohnhaft Neustadt a/Rbge., Leinstrasse Nr. 51

3.) L e h m a n n, Magnus,
geboren am 19. Mai 1885 zu Ahrensburg (Holst.)
wohnhaft in Ahrensburg (Holst.) z.Zt. besuchsweise in
Neustadt a/Rbge., Zwischen den Brücken Nr. 1.

4.) B i r k e n r u t h, Hermann,
früher Kaufmann
geboren am 15. Februar 1890 zu Neustadt am Rübenberge
wohnhaft Neustadt a/Rbge., Wallstrasse 3.

(Unterschrift) He
(Unterschrift) Küßner, Kriminalrat [17]

Die Verhaftungen der drei Neustädter waren alles andere als zufällig – sie waren aktive Mitglieder der Neustädter Synagogengemeinde. Otto Meinrath hatte am 16.12.1937 als Nachfolger Leo Steinbergs das Amt des Gemeindevorstehers übernommen. Er war von den vier noch erschienenen Mitgliedern Erich Meinrath, Hermann Birkenruth, Moritz Behrens und Otto Meinrath gewählt worden.[18] Drei dieser Männer waren jetzt verhaftet und zusammen mit Magnus Lehmann an die Gestapo Hannover überstellt worden. Moritz Behrens musste die Stadt verlassen, weil er aus seiner Wohnung geworfen worden war. Damit war die Synagogengemeinde als kulturelles Zentrum der jüdischen Bewohner Neustadts endgültig zerschlagen. Auch den letzten Betrieben jüdischer Inhaber wurde jetzt der Todesstoß versetzt.

14.Nov.1938.

g.

An den
Herrn-L a n d r a t,
Neustadt a/Rbge.

Zur Verfügung vom 11.11.1938 - I. 244 g.

Bei der Aktion gegen jüdischen Besitz am 1o.ds.Mts. sind an dem Birkenruth'schen Grundstück eine Schaufensterscheibe und verschiedene Fenster zertrümmert.

Die Inneneinrichtung der Synagoge sowie deren Fenster sind demoliert, ausserdem ist das Dach des Gebäudes abgedeckt.

Die Wohnungseinrichtung zweier jüdischen Familien, die noch in Häusern nichtjüdischer Besitzer wohnten, wurden von der Menge auf die Strasse gestellt. Da die Strasse geräumt werden musste, habe ich diese Sachen in den Nachmittagsstunden des 1o.November in zwei jüdischen Scheunen unterstellen lassen.

In dem Bankgeschäft Meinrath hatte die SA sämtliche Geschäftsbücher usw. beschlagnahmt, und, um Schädigung anderer Volksgenossen zu verhindern, einen fachmännischen Parteigenossen mit der Durchsicht der Wechsel usw. beauftragt.

Am 11. ds.Mts. habe ich polizeilich den Bankprokuristen Ludwig Pfeifenbring, Feldstrasse 2, mit der vorläufigen Weiterführung des Bankgeschäfts Adolf Meinrath & Co., dessen Inhaber am 1o.11. mit verhaftet und abgeschoben wurde, veranlasst.

Am gleichen Tage habe ich nach Rücksprache mit Herrn Kriminalrat Küssner von der Stapo in Hannover den Sachverhalt schriftlich an die Stapo gemeldet und um Veranlassung gebeten, dass dem vorläufigen Verwalter des Bankgeschäfts Meinrath die Geschäftspost ausgehändigt und die Verfügungsberechtigung über die von mir gesperrten Konten der Firma Meinrath bei der

Commerz- & Privatbank, Hannover,
Kreissparkasse, Neustadt a/Rbge.,
und beim Postscheckamt, Hannover

erteilt würde.

Polizeibericht von den Ereignissen in der Pogromnacht [19]

In der Leine-Zeitung wurde über die Plünderungen und Diebstähle nichts berichtet, beschönigend war von „Kundgebungen gegen die Juden" die Rede, die durch den „jüdischen Meuchelmord" ausgelöst worden seien. Die Opfer wurden zu Tätern gemacht. Weiter hieß es, vier „männliche Juden" seien in „Schutzhaft" genommen und das „jüdische Gebetshaus sei geschlossen worden.[20]

Über das weitere Schicksal der Festgenommenen erfuhren die Leser nichts. Die Neustädter wurden zusammen mit hunderten anderer in Hannover und Umgebung festgenommener Juden im hannoverschen Polizeigefängnis in der Waterloostraße und in der Turnhalle der ehemaligen Kriegsschule eingesperrt. In den überlieferten Verhaftungslisten werden 334 Namen genannt, darunter auch – unter den laufenden Nummern 104 - 107 – die der vier Männer aus Neustadt. In Hannover blieben die Verhafteten jedoch nur bis zum frühen Morgen des 11. November, dann wurden sie mit dem Zug ins Konzentrationslager Buchenwald bei Weimar abtransportiert, wo im Laufe des Tages 3915 Juden – unter ihnen 275 aus Hannover – eintrafen. Im „Zugangsbuch" des Konzentrationslagers für das Jahr 1938 finden sich die Namen von Otto Meinrath (Haft-Nr. 23784), Erich Meinrath (Haft-Nr. 23566) und Hermann Birkenruth (Haft-Nr. 23749). Der Name von Magnus Lehmann wurde nicht registriert, er scheint also nicht nach Buchenwald deportiert worden zu sein.[21]
Bereits bei der Ankunft im Lager wurden die Gefangenen erniedrigt und misshandelt. Und so sollte es in den folgenden Wochen und Monaten weitergehen.[22] Ziel des Terrors war die Unterzeichnung von Auswanderungsverpflichtungen, die vermutlich auch Otto Meinrath vor seiner Haftentlassung am 28.11.1938 unterschrieb, jedenfalls kehrte er Deutschland bald den Rücken. Hermann Birkenruth wurde am 7.12. entlassen, Erich Meinrath erst am 15.12. Die Gründe für die unterschiedlich lange Haftdauer sind unbekannt.
Otto Meinrath meldete sich am 11.3.1939 mit seiner Mutter Jenny aus Neustadt ab und emigrierte ebenso wie sein Bruder Walter, der bereits 1935 nach Osnabrück verzogen war, nach Sao Paulo in Brasilien.
Hermann und Johanna Birkenruth sowie die beiden Kinder Edith und Günther brauchten länger, um die Emigration vorzubereiten. Die Abmeldung nach England wurde in der Stadtverwaltung am 22.7.1939 registriert. Es ist auch möglich, dass die beiden Kinder Deutschland vor ihren Eltern schon am 5.1.1939 verließen. Lange Zeit war ihr Schicksal unbekannt und sie galten als verschollen. Erst als sich im April 2001 Judith Birkenruth, die Tochter von Günther Birkenruth, aus New York beim Arbeitskreis Regionalgeschichte in Neustadt meldete, wurde bestätigt, dass die beiden Kinder die NS-Diktatur überlebt hatten.[23]

Erich Meinrath blieb als Einziger der drei ins KZ Buchenwald verschleppten Neustädter in Deutschland. Er zog nach Hannover und wohnte bis zu seiner Deportation nach Riga im „Judenhaus" Lützowstraße 3.
Das weitere Schicksal von Magnus Lehmann ist unbekannt, er gilt als in Minsk verschollen.
Nach der Haftentlassung holten sich Otto Meinrath und Hermann Birkenruth die Reste ihrer geplünderten Habe bei der Polizei ab, darunter auch einen PKW und eine Schreibmaschine Meinraths. Eine Notiz auf der Rückgabequittung macht deutlich, dass der Wert der Gegenstände genau taxiert worden war, denn dort heißt es: „Wert des PKW: unter 200 RM! (Alter Schlitten!)".[24] Der Schätzwert war nach unten korrigiert worden, ursprünglich hatte er bei 350 RM gelegen. Otto Meinrath konnte sein Auto jedoch nicht mehr benutzen, denn am 5.10.1938 hatte der Völkische Beobachter eine Anordnung Himmlers veröffentlicht, allen Juden die Fahrerlaubnis zu entziehen.

Seit dem 10.11. war das Bankgeschäft Meinrath zwangsweise geschlossen, sämtliche Geschäftskonten bei der Commerz- und Privatbank AG Hannover, der Kreissparkasse Neustadt und dem Postscheckamt gesperrt. Das Postamt Neustadt wurde vom Bürgermeister gebeten, keine Post mehr an Meinrath auszuliefern, sondern diese vorläufig zurückzuhalten. Allerdings weigerte man sich dort, dem Bürgermeister die Briefe auszuhändigen, da keinerlei Weisung der Staatspolizei vorläge. Bürgermeister Hellwig beantragte bei Kriminalrat Küssner von der Stapo-Stelle Hannover umgehend die Auslieferung der Post an den von ihm bestellten Verwalter Pfeifenbring sowie die Verfügungsberechtigung über sämtliche Konten der Bank. Dieses sei notwendig, „damit das Geschäft ohne Schädigung anderer Volksgenossen weitergeführt bezw. abgewickelt werden kann."[25] Dem Antrag des Bürgermeisters wurde entsprochen und Pfeifenbring konnte im Sinne seines Arbeitgebers Baebenroth, der Partei und seiner eigenen Interessen tätig werden. Mit Vertrag vom 2.12.1938 wurde der Geschäftsbetrieb der Meinrath-Bank vom Bankhaus Baebenroth übernommen. Otto Meinrath wurde gezwungen, den Kundeneinlagenbestand seiner Bank in Höhe von 38.000 RM gegen Übernahme einer Nachschussleistung von 20.000 RM auf das Bankhaus Baebenroth zu übertragen, das waren etwa 2% des Gesamteinlagenbestandes von Baebenroth. Jetzt wurde die Sperrung der Konten durch den Bürgermeister unter der Voraussetzung aufgehoben, dass die noch vorhandenen Guthaben zugunsten des Bankhauses Baebenroth überwiesen würden.
Die beteiligten Banken kamen der Aufforderung des Bürgermeisters umgehend nach, nur beim Postscheckamt ergab sich ein kleines Problem. Trotz der geforderten Überweisung von 1556,44 RM blieb immer noch ein Rest von 5 RM auf dem Konto und man fragte in Neustadt an, was damit geschehen solle. Jetzt, nachdem die Bank nicht mehr existierte, die Löschung im Handelsregister beantragt und das Vermögen dem Bankhaus Baebenroth, dem zuverlässigen Partner der Nazi-Partei, zugeflossen war, gab sich Neustadts Bürgermeister großzügig: Er habe keine Bedenken, teilte er dem Postscheckamt mit, das Firmenkonto in ein persönliches Konto Otto Meinraths umzuwandeln, das Guthaben von 5 RM solle als „Stammeinlage" gelten.[26] Damit war das Geschäft endgültig abgewickelt.

Mit der Liquidierung der Meinrath-Bank war der letzte jüdische Geschäftsbetrieb in Neustadt verschwunden. Was den Meinraths letztlich von ihrem Vermögen nach der Auswanderung blieb, konnte nicht ermittelt werden.
Bankprokurist Pfeifenbring hatte sich im Übrigen durch seine Tätigkeit bei Baebenroth unersetzlich gemacht – er wurde 1944 Gesellschafter der Bank.[27]
Die Ereignisse der Pogromnacht und ihre Folge hatten auch den letzten in Neustadt gebliebenen Juden auf brutale Weise deutlich gemacht, dass es hier für sie keine Zukunft mehr gab. Wer noch vermögend genug war, verließ Deutschland. Die anderen suchten die – trügerische – Anonymität der Großstädte. Neue Judenlisten brauchte die Neustädter Polizeiverwaltung nicht mehr aufzustellen. Im Laufe des Jahres 1939 konnte sie die Namen der Fortziehenden einfach ausstreichen. In gemeinsamer Anstrengung waren Stadtverwaltung und NSDAP die Vertreibung der gehassten Minderheit fast vollständig gelungen. Else Fritsche, die in so genannter „Mischehe" lebte, wurde im Februar 1945 ins Konzentrationslager Theresienstadt deportiert. Sie war die Einzige, die nach dem Kriege nach Neustadt zurückkehrte. Auch ihre beiden Töchter, die ebenfalls in den Judenlisten erfasst worden waren, überlebten die Zeit des NS-Terrors.

Nach der Vertreibung sollten die noch immer im Besitz jüdischer Eigentümer verbliebenen Grundstücke „arisiert" werden.

Schon im August 1937 hatte Neustadts Bürgermeister beim damaligen Vorstand der Synagogengemeinde, Leo Steinberg, das Interesse der Stadt an einem Grundstück an der Landwehr sowie an der Fuhrenkoppel am Galgenberge (beim Judenfriedhof) angemeldet. Die Synagogengemeinde war jedoch zu der Zeit noch nicht bereit, die Fuhrenkoppel zu verkaufen, und für das Landwehrgrundstück hatte die Stadt zu wenig geboten, ein anderer Käufer war ihr zuvor gekommen.[29]

Mit dem zunehmenden Terror, den verschärften antijüdischen Gesetzen und dem damit verbundenen Zwang zur Auswanderung verfielen die Grundstückspreise. Mit Wirkung vom 1.4.1938 wurde die Synagogengemeinde auf Grund des „Reichsgesetzes über die Rechtsverhältnisse der jüdischen Kultusvereinigungen" aus einer Körperschaft des öffentlichen Rechts in einen „Verein bürgerlichen Rechts" umgewandelt. Schon im selben Monat war die Gemeinde bereit, die Fuhrenkoppel zu verkaufen. Das Warten des Bürgermeisters hatte sich für die Stadt gelohnt. In einem Aktenvermerk notierte er: „Vor einigen Monaten habe ich versucht, die Fuhrenkoppel der Synagogengemeinde am Galgenberge für die Stadt zu erwerben. S. Zt. war die Synagogengemeinde zu einem Verkauf aber noch nicht bereit. Inzwischen hat der Vertreter der Synagogengemeinde, Herr Meinrath, mir schriftlich mitgeteilt, dass er zur Aufnahme von Verkaufsverhandlungen beauftragt sei. Bei günstigem Preise halte ich den Erwerb dieser Koppel für erwünscht. Es handelt sich um das Grundstück Ktbl. 13 Parz. 24 zur Größe von 1,4951 ha." Nach Rücksprache mit den Stadträten beschloss Hellwig, die Fuhrenkoppel für 1650 RM zu kaufen; ein Preis, der von einem befragten Revierförster „für angemessen" gehalten wurde – was immer das heißen mag. Hellwig hielt den Preis offensichtlich für günstig, sonst hätte er nicht gekauft.[30]

Gemeinsam mit dem Landrat und der Gestapo Hannover bemühte sich der Bürgermeister, auch das letzte Geld der Synagogengemeinde zu Gunsten der Stadtkasse einzuziehen. Im April 1939 stellte Hellwig fest, dass auf einem

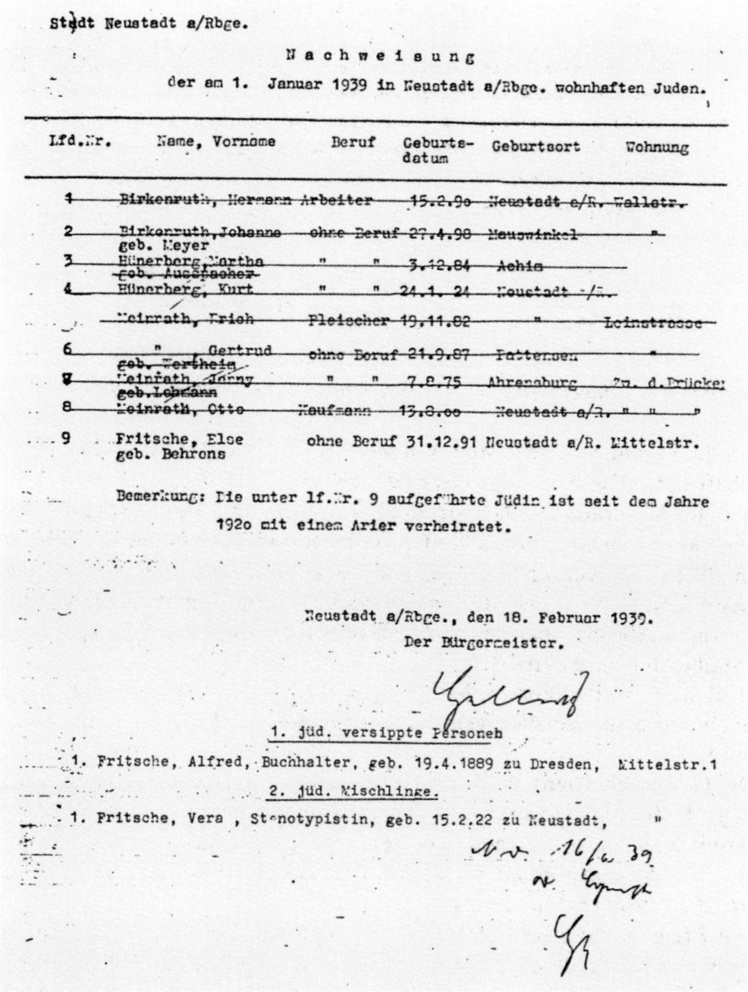

Stadt Neustadt a/Rbge.

N a c h w e i s u n g

der am 1. Januar 1939 in Neustadt a/Rbge. wohnhaften Juden.

Lfd.Nr.	Name, Vorname	Beruf	Geburtsdatum	Geburtsort	Wohnung
~~1~~	~~Birkenruth, Hermann~~	~~Arbeiter~~	~~15.2.90~~	~~Neustadt a/R.~~	~~Wallstr.~~
~~2~~	~~Birkenruth, Johanne geb. Meyer~~	~~ohne Beruf~~	~~27.4.98~~	~~Mauswinkel~~	~~"~~
~~3~~	~~Hünerberg, Martha geb. Ausspacher~~	~~" "~~	~~3.12.84~~	~~Achim~~	
~~4~~	~~Hünerberg, Kurt~~	~~" "~~	~~24.1.24~~	~~Neustadt a/R.~~	
~~5~~	~~Meinrath, Erich~~	~~Fleischer~~	~~19.11.82~~	~~"~~	~~Leinstrasse~~
~~6~~	~~" , Gertrud geb. Wertheim~~	~~ohne Beruf~~	~~21.9.87~~	~~Pattensen~~	~~"~~
~~7~~	~~Meinrath, Jenny geb. Lehmann~~	~~" "~~	~~7.8.75~~	~~Ahrensburg~~	~~Zu d. Brücke~~
~~8~~	~~Meinrath, Otto~~	~~Kaufmann~~	~~13.8.00~~	~~Neustadt a/R.~~	~~" " "~~
9	Fritsche, Else geb. Behrens	ohne Beruf	31.12.91	Neustadt a/R.	Mittelstr.

Bemerkung: Die unter lf.Nr. 9 aufgeführte Jüdin ist seit dem Jahre 1920 mit einem Arier verheiratet.

Neustadt a/Rbge., den 18. Februar 1939.
Der Bürgermeister.

1. jüd. versippte Personen

1. Fritsche, Alfred, Buchhalter, geb. 19.4.1889 zu Dresden, Mittelstr.1

2. jüd. Mischlinge.

1. Fritsche, Vera , Stenotypistin, geb. 15.2.22 zu Neustadt, "

Neustädter Judenliste vom Februar 1939 [28]

noch vorhandenen Konto der Synagogengemeinde beim Bankhaus Baebenroth ein Guthaben von 29,90 RM vorhanden sei. Er bat daraufhin den Landrat, dafür zu sorgen, dass dieser Betrag an ihn überwiesen werde. Am 17.6.1939 forderte er bei Baebenroth genau diesen Betrag für den Transport verschiedener Mitglieder der jüdischen Gemeinde und von Möbeln ein. Die Gestapo Hannover wies im selben Monat den Landrat an, nach Abzug der vom Bürgermeister geforderten Summe, den Restbetrag auf das „Jüdische Prov. Gemeindekonto" bei der Commerz- und Privatbank, Filiale Hannover, zu überweisen. Bevor dies geschah, forderte Hellwig von Baebenroth aber noch 7,50 RM „Haftvollstreckungskosten" an. Im Übrigen wünschte er, über die Auflösung des Kontos unterrichtet zu werden.[31]

Nach der Pogromnacht beschleunigte sich die „Arisierung" der Grundstücke jüdischer Eigentümer. Das Hausgrundstück mit der zerstörten Synagoge wurde von Schlossermeister Harry Schulz übernommen und für die Grundstücke der Familie Meinrath fanden sich mehrere neue Eigentümer.[32]

Auch der Besitz der Synagogengemeinde war immer noch nicht vollständig „arisiert". Vor den Toren der Stadt lag – am Galgenberge – der Judenfriedhof. Da kein Bevollmächtigter der Gemeinde mehr in der Stadt lebte, übernahm Stadtrat Wilhelm Meyer diese Aufgabe, sein Geschäftspartner war Bürgermeister Hellwig als Vertreter der Stadt. Der Abschluss eines Kaufvertrages war – gleichsam unter Gesinnungsgenossen – eine reine Formsache. Der 23,97 Ar große Friedhof wechselte am 11.5.1940 für 70 RM den Besitzer, der Vertrag war am 19.4.1940 vom Regierungspräsidenten genehmigt worden. In § 3 war festgehalten worden, dass die 30jährige Ruhefrist für die Gräber noch nicht abgelaufen und dieser Teil des Friedhofs von der Stadt durch eine Hecke abzugrenzen sei. Außerdem verpflichtete sich die Stadt dazu, falls auch dieser Teil des Gräberfeldes „aus einem heute noch nicht zu übersehenden Grunde" eingeebnet werden müsste, die gefundenen Knochenreste in einer Sammelgrube beizusetzen. Besondere „Großzügigkeit" bewiesen die beteiligten Herren aber mit folgender Passage: „Soweit keine anderen Bestimmungen entgegenstehen, erkennt die Stadt für die Dauer der 30jährigen Ruhefrist den Angehörigen der Verstorbenen das Recht zum Besuch der Grabstätten ihrer Angehörigen zu."[33] Mit Ausnahme von Frau Fritsche und ihren Kindern lebten keine Angehörigen mehr in Neustadt, die den Friedhof hätten besuchen können, und auch die sollten, wenn sie einen Besuch gewagt hätten, ein Besuchsrecht nur dann haben, „soweit keine anderen Bestimmungen entgegenstehen". Vermutlich rechneten Hellwig und Meyer damit, dass die Stadt bald uneingeschränkt über das Friedhofsgelände verfügen könnte, denn auch die Möglichkeit der Geländeeinebnung war in dem Kaufvertrag offen gelassen worden.

In der Einschätzung, dass der Friedhof ohnehin bald verschwunden sei, sollten sich die Neustädter Nazis jedoch täuschen – er ist als letzter Überrest jüdischen Gemeindelebens bis heute erhalten geblieben.

Noch im Juni 1942 gab es in Neustadt – so eine Aufstellung des Oberpräsidenten Hannover – nicht „arisierten" landwirtschaftlichen Grundbesitz. Nur wenige Wochen später konnte der Neustädter Bürgermeister an das Landratsamt melden, die Grundstücke seien „nicht mehr in jüdischen Händen, sondern inzwischen anderweitig von arischen Personen erworben".[34]

Damit war die Enteignung der Neustädter Jüdinnen und Juden endgültig abgeschlossen.

Von den fünfundvierzig Menschen, die während der NS-Diktatur in Neustadt als Juden definiert und in verschiedenen Listen erfasst worden waren, wurden dreiundzwanzig in Vernichtungslagern ermordet, zwölf konnten sich ins sichere Ausland retten, eine Person überlebte im Konzentrationslager und zwei Personen wurden nicht mehr deportiert, weil britische Truppen am 7. April 1945 die Stadt befreiten.

[1] Der Aufsatz beruht auf: Brieden, Hubert: „Das jüdische Gebetshaus wurde geschlossen." – Diskriminierung, Verfolgung und Vernichtung einer Minderheit in Neustadt am Rübenberge, Neustadt a. Rbge 2007.

[2] Leine-Zeitung 8.11.1938.

[3] Fernschreiben der Gestapo Berlin an Stapo Hannover, in: Buchholz Marlis/Meynes, Klaus/ Obenaus, Herbert/Röhrbein, Waldemar R./Rogge, Friedrich Wilhlem/Zimmermann, Helmut: „Reichskristallnacht" in Hannover, Hannover 1978, S. 106, vgl. auch Chronologie S. 80; Wittrock, Heiner: Das Schicksal der Juden in Wunstorf, Hannover 1990, S. 50; Archiv Arbeitskreis Regionalgeschichte, Aussage von Frau v.d.G. 1982, abgedruckt in: Brieden, Hubert / Dettinger, Heidi / Hirschfeld, Marion: Neustadt 1945 – 1949, Nachkriegszeit in der Provinz, Neustadt 1987, S. 182.

[4] Archiv Arbeitskreis Regionalgeschichte, Zeitzeugenaussage November 1982, vgl. Brieden, Hubert / Dettinger, Heidi / Hirschfeld, Marion: Neustadt 1933 -'45, a.a.O. S.180.

[5] Brieden, Hubert: „Das jüdische Gebetshaus wurde geschlossen.", a.a.O. S. 15 und S. 244, Anmerkung 9.

[6] Archiv Arbeitskreis Regionalgeschichte, Interview mit Ursula Najork, 16.1.1991.

[7] Archiv der Region Hannover, Stadt NRÜ II, 1139.

[8] Archiv der Region Hannover, Stadt NRÜ II, 1173.

[9] Archiv der Region Hannover, Stadt NRÜ II, 1139, undatiertes Schreiben Otto Meinraths mit Eingangsstempel der Neustädter Polizeiverwaltung vom 11.11.1938 sowie Bericht des Bürgermeisters Hellwig als Ortspolizeibehörde an die Staatspolizeistelle Hannover vom selben Tage.

[10] Archiv Arbeitskreis Regionalgeschichte, Aussage Frau N., 1982, vgl. Brieden, Hubert / Dettinger, Heidi / Hergt, Hans / Strege, Dieter: Neustadt 1933-'45, Nationalsozialismus in der Provinz, Neustadt 1983, S. 182.

[11] Archiv der Region Hannover, Stadt NRÜ II, 1173.

[12] Archiv Arbeitskreis Regionalgeschichte, Interview mit Ursula Najork vom 16.1.1991.

[13] Archiv der Region Hannover, Stadt NRÜ II, 1173.

[14] Archiv der Region Hannover, Stadt NRÜ II, 1173.

[15] Archiv der Region, Stadt NRÜ II, 1173, Schreiben des Bürgermeisters Hellwig an Martha Hünerberg vom 18.4.1939 und Schreiben des Bürgermeisters an den Landrat vom 27.4.1939 (Entwurf).

[16] Archiv Arbeitskreis Regionalgeschichte, Aussage von Frau N., 1982, vgl. Brieden, Hubert u.a.: Neustadt 1933 - ,45, a.a.O., S. 182.

[17] Archiv der Region Hannover, Stadt NRÜ II, 1139.

[18] Archiv der Region Hannover, Stadt NRÜ II, 130, Bl. 42, Protokoll über Wahl des neuen Vorstandes auf einer Versammlung der Synagogengemeinde Neustadt am 16.12.1937.

[19] Archiv der Region Hannover, Stadt NRÜ II, 1139.

[20] Leine-Zeitung, 11.11.1938.

[21] HStA Hannover, Han 87 Hannover 258, Lagebericht vom 11.11.1938. Deportationszahlen reichsweit ins KZ Buchenwald in: Stein, Harry, Juden in Buchenwald 1937-1942, S.41. Angaben aus dem „Zugangsbuch 1938" des KZ Buchenwald im Schreiben der Gedenkstätte Buchenwald an den Arbeitskreis Regionalgeschichte v. 19.3.2007.

[22] vgl. etwa den Bericht von Dr. Horst-E. Berkowitz, Hannover, in: Buchholz, Marlies u.a.: a.a.O., S. 125ff.

[23] a) Archiv Arbeitskreis Regionalgeschichte, Angaben über Entlassungsdaten in Schreiben der Gedenkstätte Buchenwald an Ak Regionalgeschichte v. 19.3.2007; b) Archiv der Region Hannover, Stadt NRÜ II, 83, eine Meldung des Neustädter Bürgermeisters an die Reichsvereinigung in Deutschland nennt als Auswanderungsdatum von Otto und Jenny Meinrath den 11.3.1939 und als Datum der gesamten Familie Birkenruth den 22.7.1939; c) Bundesarchiv Koblenz ZSg 138/4, auf Anfrage der Gedenkstätte Yad Washem, Israel, erstellte die Stadt Neustadt am 16.4.1962 eine Aufstellung der „Abmeldedaten der Glaubensjuden der Stadt nach dem 16.6.1933". In dieser Liste tauchen Hermann und Johanna Birkenruth nicht auf und für die Kinder Günther und Edith wird der 5.1.1939 als Abmeldedatum genannt; d) Bundesarchiv Koblenz (Hg.): Gedenkbuch, a.a.O.; Im Gedenkbuch werden Günther und Edith Birkenruth als verschollen gemeldet, doch beide Kinder überlebten die NS-Zeit. Bericht über den Besuch von Edith Birkenruth in Neustadt in Leine-Zeitung 6.6.2003.

[24] Archiv der Region Hannover, Stadt NRÜ II, 1173, siehe auch: Rückgabequittungen von Hermann Birkenruth und Martha Hünerberg, Anm. 120, 121 und 125. Schon am 9.5.1936 hatte der Neustädter Landrat eine Liste der jüdischen KFZ-Besitzer im Kreis erstellt. Neben drei Wunstorfern wurden zwei Neustädter, ein Hagener und ein Rodewalder genannt, HStA Hannover Han 174 Neustadt, 318.

[25] Archiv der Region Hannover, Stadt NRÜ II, 1139, Schreiben Hellwigs an Stapo Hannover vom 11.11.1938. Archiv der Region Hannover, Stadt NRÜ II, 1139, Schreiben der Commerz- und Privat-Bank, Filiale Hannover, an die Polizeiverwaltung der Stadt Neustadt v. 10.11.1938, als Faksimile abgedruckt in: Brieden, Hubert: a.a.O. S. 129.

[26] Archiv der Region Hannover, Stadt NRÜ II, 1139, Überweisungsanordnung des Neustädter Bürgermeisters an das Postscheckamt Hannover v. 5.12.1938, als Faksimile abgedruckt in Brieden, Hubert: a.a.O. S. 130. Zu den dargestellten Übernahmebedingungen. vgl. HStA Hannover, Nds 210, 742, Akten des Niedersächsischen Landesamtes für die Beaufsichtigung gesperrten Vermögens, Bericht des Landratsamtes vom 29.4.1951. Archiv I.andkreis Hannover, Stadt NRÜ II, 1173, Schreiben des Postscheckamtes an den Bürgermeister vom 7.12.1938, Schreiben des Bürgermeisters an das Postscheckamt vom 8.12.1938.

[27] HStA Hannover, Nds 210, 742, diverse Dokumente aus Wiedergutmachungsverfahren.

[28] Archiv der Region Hannover, Stadt NRÜ II, 1173.

[29] Archiv der Region Hannover, Stadt NRÜ II, 851, Schriftwechsel zwischen dem Bürgermeister und dem Vorstand der Synagogengemeinde, August und September 1937.

[30] Archiv der Region Hannover, Stadt NRÜ II, 850, Aktenvermerk des Bürgermeisters vom 8.4.1938.

[31] Archiv der Region Hannover, Stadt NRÜ II, 1173, Schreiben des Bürgermeisters an den Landrat vom 27.4.1939 sowie an das Bankgeschäft Baebenroth vom 17.6.1939 und 17.7.1939, Schreiben der Gestapo Hannover an den Landrat vom 26.6.1939, Schreiben des Landrates an den Neustädter Bürgermeister vom 11.7.1939.

[32] Die Arisierung jüdischer Geschäfte, insbesondere die des Konfektionsgeschäftes von Leo Steinberg wird ausführlich beschrieben in: Brieden, Hubert: „Das jüdische Gebetshaus wurde geschlossen.", a.a.O. S. 94 – 111. Archiv Arbeitskreis Regionalgeschichte, Notiz zum Gespräch mit Harry Schulz im Jahre 1981, HStA Hannover, Nds 210, 742, diverse Akten aus dem Wiedergutmachungsverfahren Meinrath

[33] HStA Hannover, Han 174 Neustadt, 3151.

[34] HStA Hannover, Han 174 Neustadt, 3151, Schreiben des Oberpräsidenten Hannover an den Neustädter Landrat v. 3.6.1942 sowie Schreiben des Neustädter Bürgermeisters an den Neustädter Landrat v. 17.6.1942, beides als Faksimile abgedruckt in Brieden, Hubert: „Das jüdische Gebetshaus wurde geschlossen.", a.a.O. S. 135, 136.

ABBILDUNGSNACHWEIS

Dirk Anders, Pattensen: 104, 105, 107, 108

Arbeitskreis Regionalgeschichte, Neustadt: 110, 111, 113

Archiv der Region Hannover: 114, 116, 118, 121

Karl-Heinz Bahls: 55

Hannoversche Allgemeine Zeitung: 90

Historisches Museum Hannover: 12u, 14, 20, 23, 24, 25, 27, 30, 33o, 38, 42, 68r, 69o, 70, 72, 74, 76, 78, 82, 83, 84, 91, 128, U3

Landeshauptstadt Hannover - Fachbereich Recht und Ordnung: 22

Niedersächsisches Landesarchiv – Hauptstaatsarchiv Hannover: 35, 37, 41, 69u, 88

Polizeidirektion Hannover: 43, 45

Region Hannover – Bildarchiv, Sammlung Homeyer: 36, 40, 66

Sammlung Heine, Hannover: 6, 31, 92, 94, 95, 96, 97, 98, 100, 101, 102, 103

Dr.Peter Schulze, Hannover: 50

Stadtarchiv Hannover: 21, 93

Stadtbibliothek Hannover: 11, 12o, 16, 26, 32, 33m, 33u, 39, 68l

Stiftung Gedenkstätten Buchenwald und Mittelbau-Dora: 46, 58, 61

AUTORENVERZEICHNIS

HUBERT BRIEDEN, Jahrgang 1950, studierte Geschichte und Germanistik in Münster. Mitarbeiter des Arbeitskreises Regionalgeschichte und Autor von Publikationen zur NS-Geschichte der Region Hannover.

KONRAD HEIDEN (1901 – 1966), deutscher jüdischer Journalist und Schriftsteller, veröffentlichte 1932 ein frühes aufklärerisches Buch über die NS-Bewegung „Geschichte des Nationalsozialismus – Die Karriere einer Idee". Von 1933 bis 1940 Exil in verschiedenen europäischen Ländern, ab 1940 bis zu seinem Tod in den USA. Weitere bedeutende Werke über das Dritte Reich. 1939 erschien in New York „The New Inquisition", eine Arbeit über den Novemberpogrom, die bis heute nicht auf Deutsch veröffentlicht worden ist.

WERNER HEINE, M.A:, Jahrgang 1948, Historiker, wissenschaftlicher Mitarbeiter im Stadtarchiv Hannover.

WOLF-DIETER MECHLER, Jahrgang 1953, Dr. phil.; wissenschaftlicher Mitarbeiter des Historischen Museums Hannover. Veröffentlichungen und Ausstellungsprojekte zum Nationalsozialismus, zur Studentenbewegung, zur Geschichte der Sinti und Roma, über Albert Einstein und Theodor Lessing.

CARL PHILIPP NIES, M.A. Studium der Geschichtswissenschaften und der Neueren deutschen Literatur in Bonn und Berlin; Tätigkeiten für verschiedene Museen und Ausstellungsprojekte (u.a. Deutsches Historisches Museum Berlin); seit Januar 2007 Wissenschaftlicher Assistent am Historischen Museum Hannover.

SILKE PETRY, Jahrgang 1963, M.A., studierte Geschichte und Sozialpsychologie an der Leibniz Universität Hannover mit dem Schwerpunkt: Nationalsozialismus / Zweiter Weltkrieg / Regionalgeschichte. Mitarbeiterin der Stiftung niedersächsische Gedenkstätten in Celle im Projekt „Neugestaltung der Gedenkstätte Bergen-Belsen" im Teilbereich Kriegsgefangenenlager in der Lüneburger Heide (Bergen-Belsen, Wietzendorf und Oerbke.

HANS-DIETER SCHMID, Jahrgang 1941, Dr. phil.; Hochschuldozent für Neuere Geschichte und Didaktik der Geschichte am Historischen Seminar der Leibniz Universität Hannover (i. R.). Veröffentlichungen zur Reformationsgeschichte, zum Nationalsozialismus, zur Geschichte der Juden und der Sinti und Roma, zur Geschichtskultur und zur Didaktik der Geschichte.

CHRISTIAN STICHTERNATH, Jahrgang 1970, M.A., studierte Geschichte, Deutsche Literatur und Jura an der Leibniz Universität Hannover. Er hat an Projekten zur Erforschung der NS-Geschichte und an einer Ausstellung über die Stadtverwaltung Hannover im Nationalsozialismus mitgearbeitet. In der Tagespresse und in Fachzeitschriften sind mehrere Publikationen von ihm zu dieser Epoche erschienen. Heute arbeitet der ausgebildete Zeitungsredakteur als Pressesprecher im Niedersächsischen Sozialministerium.

AUSSTELLUNGSIMPRESSUM

hmh...
Historisches Museum Hannover

Der Novemberpogrom 1938 in Hannover
Eine Ausstellung des Historischen Museums Hannover
5. November 2008 bis 18. Januar 2009

Konzeption; Texte
Dr. Wolf – Dieter Mechler
Carl Philipp Nies M.A.

Gestaltung
Dr. Wolf – Dieter Mechler;
szenografische Ideen: Serge von Arx, Oslo/Berlin

Ausstellungsgrafik
Kirsten Tepper

Reproduktionen
Reinhard Gottschalk

Ausstellungsbau, Umsetzung Gestaltung
Wolfgang Arendt, Annabet Röllig, Andreas Gödeke,
Dogan Sargin, Julia Hauptmann

Leuchtkästen
Franz Betz, Hannover

Zeitzeugeninterviews
Hans-Jürgen Hermel, Shaun Hermel, Hannover

Virtuelle Rekonstruktion der Synagoge Hannover
Prof. Manfred Koob, Dr.Marc Grellert,
TU Darmstadt/Architectura Virtualis

Besonderer Dank gilt den Leihgebern:
Zentralbibliothek Zürich
Stiftung Gedenkstätten Buchenwald und Mittelbau-Dora, Weimar
Bundesarchiv Berlin
Deutsches Schiffahrtsmuseum Bremerhaven
Bet Tfila Forschungsstelle für jüdische Architektur in Europa, TU Braunschweig
Niedersächsisches Landesarchiv – Hauptstaatsarchiv Hannover
Polizeidirektion Hannover
Polizeigeschichtliche Sammlung Hannover
Stadtarchiv Hannover
Stadtbibliothek Hannover
Fachbereich Recht und Ordnung der Landeshauptstadt Hannover
Sammlung Heine, Hannover
Dirk Anders, Pattensen
Archiv der Region Hannover
Region Hannover – Bildarchiv
Friedel Homeyer, Barsinghausen
Hannoversche Allgemeine Zeitung
Arbeitskreis Regionalgeschichte Neustadt

Seit 1978 befindet sich in der Roten Reihe eine Gedenktafel
für die zerstörte Synagoge. Foto: Reinhard Gottschalk, 2008.